尹基跃
私域研究院创始人

知名作家，年度畅销书《可复制的私域流量》作者，淘宝教育、新榜、有赞、360商学院等集团金牌讲师，被誉为"商业私域流量首席架构师"。
作为首席私域专家，曾为湖南卫视、九阳集团、雀巢、茂业、绿地、阳光保险等定制私域流量提升服务。为商业与传统企业集团提供或升级私域新零售解决方案，构建千万级私域流量池，建立私域增长新引擎。

黄聪莹（欧妮）
网红新消费全域营销操盘手
（江湖人称"万能欧妮姐"）
私域研究院金牌讲师
私域营销（广东）联合创始人

专注营销十余年，服务过多家上市公司，操盘过多个千万级项目。擅长策划、项目运营、统筹执行，已经帮助门店和企业实现5000万元业绩增长。
通过"公域+私域立体营销"的新模式，帮助企业搭载"云端店铺"，利用流量复利效应搭建"公域+私域"和"线上+线下"双域双驱流量闭环，实现企业多维业绩倍增。

张云鹏
全域营销研究院创始人
私域研究院金牌讲师

短视频及全域营销资深玩家，擅长流量增长和批量成交发售。
成功帮助多家快消品牌、商场及门店实现流量及业绩双增长，累计帮助线下门店获客200多万。
利用私域撬动公域流量，帮助万达广场实现单日直播带货GMV超过3200万元，总GMV超过5000万元的良好成绩。

杨鞭
开店有术主理人
私域研究院金牌讲师

专注中小实体店数字化营销体系搭建，成就"新店商"门店。
擅长搭建餐饮、商超、健身瑜伽、教培等私域增长体系。
用8年时间成功辅导上千个门店，通过公域获客、私域变现，帮助多家实体店累计营收增长超过2亿元。

谢润锋
私域爆品增长教练
私域研究院金牌讲师
阿杜孵化器用户增长教练
全域营销增长教练

专注中小零售企业咨询、培训服务十余年，服务超过3000多家企业/门店。
擅长以爆品商业模式（爆品+私域流量+自媒体）的方式帮助企业、个人创业者快速适应互联网营销环境，从打造产品到自媒体，再到私域流量池构建、发售活动规划，形成简单高效的互联网商业自治闭环，实现企业增长以及企业终身价值挖掘，助力企业快速踏上增长快车道。

张文刚
中国医药私域社群官
私域研究院金牌讲师
友瓴盛（广州）健康医药科技有限公司董事长

在中国医药零售行业从业25年，系澳天力集团总经理、山西友未来信息科技有限公司总经理，先后服务于澳天力、鲲鱼药业等企业。从2019年起专注医药行业实体门店私域营销增长发售，服务过的连锁药店超过百家，拥有10多万会员，曾为企业解决客户引流，使其私域新增长200%。

瑶恋
大健康私域增长操盘手
私域研究院金牌讲师
企业私域增长顾问

擅长系统化赋能私域，助力企业打造私域变现循环系统，10年营销实战经验，千万量级私域操盘手。
社群营销资深玩家，打造素人200多精准粉丝，实现百万业绩，赋能千位学员搭建社群营销变现系统。
万人团队运营总教练，首年业绩3000多万元，打造素人KOC月收入5~6位数及10倍增长，孵化徽创业人才破万。

大麦
业绩增长总教练
私域研究院金牌讲师
首席业绩增长导师
门店私域爆单操盘手

专注营销策划13年，深度服务3000多家企业，全网学员50多万。
擅长商业模式设计、销售团队培训、门店爆单策划、全域流量操盘等。
曾为红星美凯龙、安吉尔净水机、大鸭梨餐饮、马克华菲、胡庆余堂、金三发集团、台铃电动车、王府井百货等提供营销咨询及私域体系服务。
曾出版《流量爆破》《闪电收钱》。

王洪团
裂客宝营销工具创始人
私域研究院金牌讲师
裂变增长教练

有10年互联网营销实战经验，专注服务中小企业及实体门店，聚焦通过裂变、病毒营销等方式，实现低成本获客、精准用户及业绩增长。
擅长为企业搭建集引流获客、运营留存、成交转化、客户管理于一体的私域增长系统。

杨帅
连锁餐饮业私域操盘手
私域研究院金牌讲师
个体投资人（实体门店赋能及投资）

专注实体私域运营，服务10多万用户，单月变现百万元。
曾为营收过亿元教育培训公司区域负责人、国内头部知识付费公司商学院区域负责人，并成功投资连锁餐饮、话剧、新媒体公司。
致力于全域运营，结合私域运营赋能实体行业。

超级私域

建立忠诚而持久的用户关系

私域研究院讲师团 著

中国商业出版社

图书在版编目（CIP）数据

超级私域：建立忠诚而持久的用户关系 / 私域研究院讲师团著. -- 北京：中国商业出版社，2023.12
ISBN 978-7-5208-2764-5

Ⅰ.①超… Ⅱ.①私… Ⅲ.①网络营销 Ⅳ.
①F713.365.2

中国国家版本馆CIP数据核字(2023)第236160号

责任编辑：杜　辉
（策划编辑：刘万庆）

中国商业出版社出版发行
（www.zgsycb.com　100053　北京广安门内报国寺1号）
总编室：010-63180647　　编辑室：010-83118925
发行部：010-83120835/8286
新华书店经销
香河县宏润印刷有限公司印刷
*
710毫米×1000毫米　16开　14印张　170千字
2023年12月第1版　2023年12月第1次印刷
定价：68.00元
****
（如有印装质量问题可更换）

前 言

2018年"私域流量"的概念第一次出现，2020年"私域元年"正式开启，私域的热度持续走高，各大互联网平台均已为企业进行私域运营提供了更好的场所、更实用的功能，期望在公域流量红利见顶的大环境下，使更多的C端流量向B端转化求增长，发展企业的第二增长线。

但是，私域流量真的这么简单吗？企业私域流量池到底应该如何搭建？只是发布一些视频、文章，将用户吸引进来，然后私信转化，只成交一次？还是建立社群，天天在群内发种草文案、视频，寄希望于用户自己看到以后，能够主动购买？

如果你也是这样认为的，那么我负责任地告诉你，你做的是"假私域"！私域流量是一种运营思维，是把流量变成留量的思维，同时也是资产思维、用户终身价值思维。在当下，获客成本越来越高，竞争越来越激烈，每个企业、每个人都要考虑如何深挖用户的"终身价值"，莫让来之不易的流量轻易"流走"。

截至2021年中旬，抖音平台企业号的总数量已超过800万，并呈逐步增长趋势；2021年年底，百度平台上入驻企业百家号的企业已超过110万；小红书的估值超过200亿美元，其在2021年11月，MAU已超过2亿元、分享者达4300万+；美团发布的第三季度财报数据显示，用户总数达6.675亿，活跃商家超过830万家，同比增长显著。

在其中，很多中小品牌已经取得了非常不错的成果。像完美日记、花西子、钟薛高、半亩花田等品牌，靠小红书迅速出圈走红，占领消费者的心智。很多品牌也在抖音做直播，进行一对多的转化，其中势头最猛的就是我们所熟知的东方甄选，其利用主播的才华和独特的定位，迅速获得一大批忠实粉丝，好评率颇高。

诸如此类的品牌还有很多，我们应该怎么利用各大互联网平台的优势，结合自身品牌，在目前的红海中，找到企业或者个人的突破口，闯出一片天地呢？

如果你也有这种想法，那么我建议你从流量篇看起。企业私域流量搭建的第一步就是搭建流量池，没有流量就没有成交。第一章以通俗易懂的语言讲述各大平台的规则和优势，帮助我们快速找到适合自己的发展平台。第二章从裂变的角度手把手教你如何进行客户裂变设计，让企业私域流量池进一步扩大。

如果你做的是社群团购或者是其他快消品社群销售，但是业绩不稳定，那么我建议你重点看一下运营篇。要从用户运营的角度理解用户，找到自己的忠实粉丝，真正理解客户终身价值，延长用户生命周期，从而设计出转化率更高的活动，挖掘更多用户价值。

如果你做的是社群团购或者知识付费行业，但是业绩不稳定，那么我建议你重点看成交篇的第五章，在这个章节详细地讲清楚了我们如何利用社群，吸引用户的注意力，实现被动收钱。最后在第六章中，老师们把自己十几年的成交变现经验全部教给你，每一种模式都能让你的成交率提升一大截。

如果你是刚接触私域的小白，这本书同样适合你，书中从全方位引流技巧，讲到流量裂变玩法，会员的迭代升级、用户和运营、社群的运营转化技巧，九大成交变现模式，环环相扣，内容丰富，适合人们仔细品读。

《超级私域》这本书，集结了私域研究院讲师们多年的实操经验，内容丰富、条理清晰、通俗易懂，从细节处入手，把自己从业多年的成功经验，凝聚成文字，教给大家，值得反复品读。

篇幅有限，并不能涵盖所有行业和方法论，为了更好地帮助读者使用这本书，我们特意建了个读者交流群。我们的老师都在群内，在阅读过程中，不管身为读者的你遇到任何问题，都可以扫码进群交流。同时，群内还会给每位读者赠送 10 份不同行业的案例，以达到帮助读者更好地通过应用私域流量方法来提升业绩的目的。

——张云鹏、赵慧洋

扫码添加好友，邀您加入读者交流群

| 目 录 |

流量篇

第一章　流量是企业的命脉 / 2

第一节　流量对企业的重要性 / 2

第二节　线上流量：三大平台的引流和运营技巧 / 6

抖音平台的起号和运营技巧 / 9

视频号引流和变现技巧 / 14

"私域 + 公域"的双循环雪球效应 / 19

小红书人设打造和运营技巧 / 20

第三节　线下流量：同城流量积累途径和混群技巧 / 33

六大同城引流途径 / 33

不同社群的混群技巧 / 36

第二章　缺客户，做裂变 / 38

第一节　裂变的底层逻辑 / 38

可复制的裂变增长模式 / 38

裂变式分享经济的核心 / 41

第二节　裂变福利设计 / 42
　　福利设计的六大核心原则 / 42
　　常见的四种福利类型 / 45
　　爆款海报的七大元素 / 45
第三节　裂变模式及链路设计 / 49
　　分销裂变 / 49
　　拼团裂变 / 53
　　任务宝裂变 / 55

运营篇

第三章　会员管理与运营 / 60

第一节　门店私域流量的管理和运营 / 60
　　零售行业的变迁和现状 / 60
　　用户关系的变化 / 62
　　用户思维的升级 / 63
第二节　用户进阶 / 66
　　用户关系进阶 / 67
　　用户权益进阶 / 77

第四章　客户终身价值 / 93

第一节　客户终身价值创造企业新的增长点 / 93
　　"流量"到"留量"思维转变的必然性 / 93
　　客户终身价值的意义 / 96

　　　　　如何计算和提升客户终身价值 / 105
　　第二节　案例：一场剧本式发售活动，引流 2800 多桌 / 127
　　　　　重庆鱼司机的企业运营技巧，提高工作效率 / 127
　　　　　建立情感账户，提高顾客忠诚度 / 138
　　　　　剧本式发售，打造门店排队盛况 / 141

成交篇

第五章　如何在私域玩转社群 / 152

　　第一节　社群团购行业的正确认知 / 152
　　　　　社群团购行业的发展和机会 / 152
　　　　　如何创建优质团购社群 / 155
　　第二节　如何在社群中带货推品 / 165
　　　　　让用户主动下单的社群推品逻辑 / 165
　　　　　新群带货的五大原则 / 171
　　第三节　知识付费社群如何开展精准销售 / 174
　　　　　四步写出高回应的社群公告 / 174
　　　　　高转化的社群分享五大步骤 / 176
　　第四节　社群批量成交技巧 / 181
　　　　　增加成交的三大绝密方法 / 181
　　　　　社群批量成交六大步骤 / 184

第六章　九大成交变现模式 / 187

　　第一节　对比参照成交模式 / 187

第二节　对号成交模式 / 191

第三节　阶梯引导成交模式 / 193

第四节　检测成交模式 / 194

第五节　审核成交模式 / 197

第六节　反审核成交模式 / 199

第七节　首单免费模式 / 200

第八节　全返成交模式 / 204

第九节　附加值成交模式 / 207

后　记 / 210

流量篇

第一章 流量是企业的命脉

第一节 流量对企业的重要性

在一个相当长的时间内，企业只需要打造好自己的产品，不需要关心消费者需要什么，也不用关心消费者的感受，因为那是一个"人找货"的时代，产品供不应求，根本不用担心产品会滞销。

但近十几年来，随着数字经济的到来，产业开始转型升级，在产品品类极大丰富的同时，同质化也越发严重，产品竞争日益激烈。传统的加量不加价、打折促销等方式在占领市场上的效果越来越差。对企业来说，做好产品等顾客上门购买的经营模式已无法支撑企业的发展。

互联网的发展使整个市场的生态发生了巨大变化：信息不对称变为对称；信息迅速传播，内容也呈爆炸式增长，其影响空前绝后；在去中心化传播形式中，每个人都是媒介，每个人都是信息节点，所以流量对企业而言至关重要。

网上一直有一个段子：如果可口可乐的所有厂房被大火烧了，只要三个月的时间就可以重建，因为银行会争着为可口可乐提供贷款，供应商会争着赊销原材料和提供账期，经销商会排着队等着进货，消费者也会等着买恢复生产后的可口可乐。

这个段子背后体现出来的事实是：可口可乐除了有极强的品牌效应之外，还有着强大的用户黏性。而用户资产是企业强大的"免疫力"，也正逐渐成为企业的核心资产和"护城河"。

如果企业认为用户只有消费价值的话，那么其认知未免过于狭隘。当下的全民自媒体时代，人人是媒介，媒介即渠道，口碑价值就是用户的核心价值。用户的复购、转介绍、全生命周期价值都是值得企业探讨和重视的。

各行各业都需要思考一个问题：当下商业市场和实体行业的出路在哪里？对于目前的实体行业尤其是餐饮行业来说，在供过于求且流量红利日渐消减的情况下，如何做好"留量"迫在眉睫，也是企业的"一把手"工程。

在新冠肺炎疫情对全球市场的巨大冲击之下，几乎所有行业都被迫重新洗牌，思维迭代和战略转型成为当务之急。出于生产自救，企业不得不踏上艰难的求生之路，想方设法探索线上业务。商业模式、物流、信息流、资金流和技术的结合为企业带来了新的希望和可能性。

原来受限于线下消费场景，很多企业只能营销单一产品、单一业务，以满足消费者的特定需求。而如今通过技术的发展及对用户需求的洞察，企业借助社群、小程序、App、SaaS等手段实现用户在线化，结合复合多元的产品，便能够更精准地满足用户的个性化需求。

托马斯·弗里德曼在《世界是平的》一书中指出，当今世界改变的速度已与过去不同，每一次颠覆性的技术革命，都给这个世界带来了深刻的变化。

过去数年很多遭遇失败的企业给业界敲响警钟：它们面对着无法回避甚至无法预测的挑战，但却缺乏应对这些挑战所必需的领导力和管理模式。

如今，企业的失败似乎已和上述原因没有关系，而是因为这个世界变化的速度太快。

是的，当下的世界已进入VUCA（Volatility，Uncertainty，Complexity，Ambiguity）时代，而企业所面临的困难和挑战也越来越多，越来越具有不确定性，诸如信息爆炸、突发事件频发、资源紧缺、员工投入度低……而新冠肺炎疫情的暴发，更如同催化剂一般，让VUCA时代的特点越发凸显出来。

VUCA一词（如图1-1所示）源于军事用语，随后被商业领域用来描述已成为"新常态"的、混乱的、快速变化的商业环境。

Volatility（易变性），指变化的本质和动力。表现出来的特点是挑战与维持的时间长短是未知且不稳定的。

Uncertainty（不确定性），指的是缺乏对意外的预期和对事物的理解。表现出来的特点是具备变革的可能性，但不一定成功。

Complexity（复杂性），指的是企业被各种力量和各种事情困扰。

Ambiguity（模糊性），指对现实的模糊。表现出来的特点是因果关系不清楚。

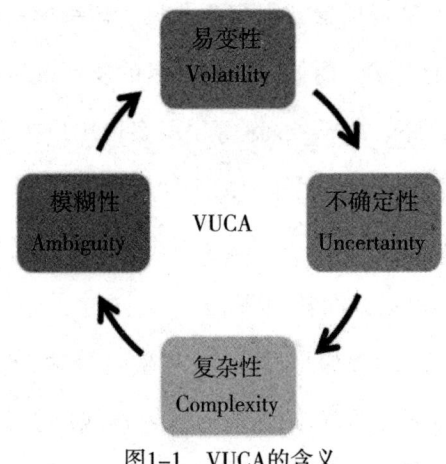

图1-1　VUCA的含义

在VUCA时代，企业面临着更多的困境和挑战，尤其是传统企业。以往，传统企业将注意力更多放在提高产品质量上，但现在它们不仅要做好产品，还要从用户角度出发做好服务，并充分利用各种工具与技术，提高企业运行效率。

彼得·德鲁克说："动荡时代最大的危险不是动荡本身，而是仍然用过去的逻辑做事。"

在VUCA时代，越来越多的企业遇到同一个问题：拉新越来越难，流量越来越贵。原来行之有效的"流量思维"已经失灵，"留量思维"初露锋芒。

流量就是增量，留量就是存量。从这个层面来说，增量市场已经逐渐低迷，存量市场则成了下一个"风口"。从流量思维向留量思维转变，成为企业持续发展的必经之路。而疫情的冲击加剧了企业的增长困境，促使企业不得不尽快告别过去的惯性思维，迈出思维转型的第一步。

目前，获取流量的途径大致可以分为以下两种。

第一种：用钱买流量，给公域平台广告费，在别人的平台上发布广告，广撒网，找到零星的客户进行转化；

第二种：从各种渠道找到属于自己的流量，并储存起来。

最终的结果是创造流量的企业才能生存得更好。

为什么？因为依靠外力"造血"难以长久持续下去，市场的任何变化对企业来说都是挑战。但自身拥有"造血"功能的企业抗风险能力强，从而能更好地"活着"。

2020年年初新冠肺炎疫情袭来，对很多企业都造成了巨大的冲击，很多线下门店被迫倒闭、歇业、关门，商品一度停产滞销，行业发展遇到了前所未有的困局。

正因为如此，很多企业开始尝试打破这种被动的发展态势，挖掘新兴市场潜力，以此来冲破层层阻碍。于是，在企业的不断探索下，以"互联网流量"为中心的新零售渠道逐渐建立起来。

市场的变化告诉所有企业：在移动互联网时代，如果只是一味地开发产品，将难以支持企业的发展。想要在市场中站稳脚跟，就要利用好新型媒体和各种渠道，积累和打造属于自己的流量池。在流量池中，通过运营培育用户，挖掘用户价值，将企业与用户牢牢绑定，才能实现持续变现。

第二节　线上流量：三大平台的引流和运营技巧

现在新媒体平台日益增多，除了微信、微博、知乎等老牌资讯社交平台外，还有抖音、快手、视频号、小红书等新兴分享平台。那么，不同类型的企业应该怎么选择适合自己的平台发力，积累初始流量呢？

大部分企业已经意识到与用户直接建立联系的重要性，但用户可选择的平台越来越多，其注意力和时间也越来越分散，很多企业只有引流的想法，却不知道如何布局。

要想找到合适的平台，企业需要明确以下四个方面的内容，具体如图1-2所示。

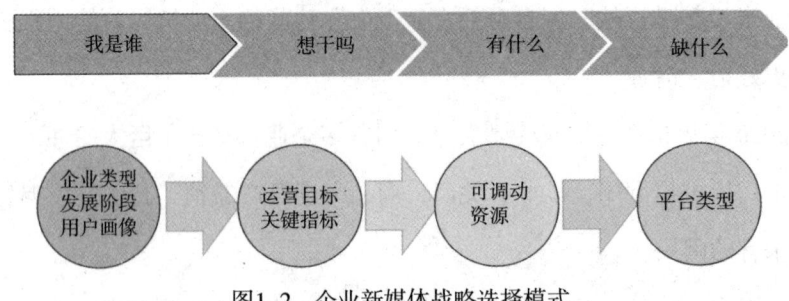

图1-2　企业新媒体战略选择模式

一是明确自我定位和用户画像。企业在布局新媒体平台之前，需要先进行自我定位：自身的服务或产品卖点、企业的优劣势、与竞争对手的差异点。

梳理完自身情况后，还需要明确用户画像：目标客户的消费能力、兴趣爱好和特点等属性，为目标客户贴上对应标签。

二是明确运营目标和关键指标。要想吸引精准流量，就要保证平台和企业的用户画像相近或一致。此外，企业运营新媒体平台，主要是为了拉新、激活还是转化？不同的运营目标对应的运营策略不同，设立清晰的目标，能在极大程度上避免企业在运营过程中偏离方向，有利于更好地完成任务。

三是企业可调动的资源有哪些。企业在做媒体运营前，首先要清楚自己有哪些可以调动的自媒体资源，也可将线下资源转变为可进行线上运营的资源。

四是根据人员组织架构来选择媒体平台。新媒体平台众多，在运营人员充足的情况下，企业可以选择覆盖多个媒体平台，大面积撒网，重点捕鱼；但如果运营人员有限，就应尽量选择与企业用户画像重合度高、用户基数大的新媒体平台去重点运营。

另外，运营人员的自身能力也是需要考虑的因素，如果某员工有擅长运营的平台，企业可以将其调整到对应的平台。

新媒体平台有很多种，分类之后主要包括六种：资讯、短视频、音频、直播、开放式社交、封闭性社交。

表1-1对这些平台的特点和用户属性进行了归纳总结，可以帮助企业快速了解各平台的基本情况。

表1-1 各类型平台的基本情况

平台类型	平台名称	内容特点	用户标签
资讯型平台	腾讯新闻	母婴、汽车、摄影摄像	年轻的已婚女性相对更多,更会玩,更生活化
	今日头条	通信、生活、系统工具	以低收入年轻群体为主,喜欢与人沟通,善于捯饬自己的生活
	网易新闻	智能硬件、体育美食	白领相对更多,追求生活品质
	搜狐新闻	商务办公、地图导航	以成熟商务男士为主,工作努力,生活开心
短视频平台	快手	娱乐性、草根性	年轻用户分布广泛,在低线级城市有较高覆盖率
	视频号	社会资讯、娱乐性	用户主要为微信用户,用户年龄偏大
	抖音	娱乐性、表演性	用户偏年轻化,且用户分布广泛
音频平台	喜马拉雅FM	小说、财经、人文、情感、相声、脱口秀	20~39岁用户占比高,集中在一、二线城市,尤其是北上广深
	蜻蜓FM		85后是最核心主力,制造业、科教、文艺、体育行业用户多,集中在一、二线城市,尤其是沿海城市
	励志FM电台		用户群体较为小众、文艺
	懒人听书		00后、90后、85后居多,呈年轻化趋势;用户集中在一、二线城市,尤其是华东和华北地区
直播平台	抖音	娱乐性	30岁以下用户占比较高,主要是自由职业者、学生、工人和服务人员
	YY		
	斗鱼TV	游戏类	以工作的已婚男性为主,消费能力强
	虎牙TV		
开放式社交	微博	社会类、明星类	大学本科以上高学历的用户占比较高
	小红书	兴趣类、种草类	年轻的女性群体占据多数,品牌种草主阵地之一
	陌陌、探探、Scul	兴趣类、同城类	年轻男性居多
	知乎	知识性、文艺性、小清新	垂直、文化层次较高
	豆瓣		
封闭式社交平台	微信	兴趣类、价值类	男性居多,企业员工居多

通过自我定位和对目标用户进行分析，再结合各新媒体平台的特点，企业就可以选出适合自身的媒体平台，作为当下传播最快、效果最好的经营工具，每个企业都必须布局新媒体平台，只有掌握流量才能掌握企业的未来。

抖音平台的起号和运营技巧

抖音主要以旅游、生活 Vlog、剧情、"音乐+舞蹈"等记录生活的内容为主。平台每天巨大的流量和关注数，使得抖音成为企业必争的流量洼地、口碑及品牌传播的集中地、行为驱动的爆款孵化神器。

抖音平台上有很多节奏鲜明的 BGM 和趣味性的视频，用户都愿意模仿，这类视频往往起源于品牌的软植入广告，其推销意图没有那么鲜明，用户不会太过抵触和反感，甚至还会掀起模仿传播的热潮。

在视觉效果上，因为抖音的内容是碎片化的，所以相比图文媒体平台，其视觉冲击力更强，更容易吸引用户眼球。

同时，抖音本身也是电商平台，对于平台达人及普通用户来说，它提供了更多的变现机会。

但是，并不是人人都能做好抖音，平台流量的分发是有一定的条件的。

1. 系统审核机制

抖音的系统审核可分为以下两点。

（1）是否原创。系统通过抽取视频内容的图片和关键帧音，与数据库中已有的内容进行对比消重，如果重复的部分过多，就会不通过或者不被推荐。

（2）内容是否违规。可以在抖音的"创作者服务中心"→"抖音社区自律公约"中查看。如果内容涉及违规词、敏感词或留有联系方式，经系统初步筛选后会转移到人工审核。

2.人工审核机制

发生以下三种情况，会触发人工审核机制。

（1）系统审核未通过。如果系统认为视频中可能含有敏感或违规内容，就会进入人工审核环节，进行复审。若确定有违规行为，则会进行相应的处罚——不通过、不给推荐或降权封号处理。

（2）被用户举报。视频内容被举报后，也会触发人工审核机制以确认举报是否属实，并进行下一步操作。

（3）内容热度高。在上热门之前，会由人工进行审评。

3.抖音算法推荐机制

抖音是一个去中心化的短视频平台。当一条视频被推送到基础流量池内时，平台会根据流量池内用户对视频内容的反馈，来决定是否给予二次流量分配。

如果用户的反馈很好，平台就会再次进行流量推送，这种叠加最多可以达到7次。用户反馈主要是从完播率、评论数、转发数和点赞数四个维度来进行评估的。

所以要想让视频被更多人看到，就要提升这四个维度的数据，主要方法有以下四种。

（1）完播率。完播率分为5秒完播率和整体完播率，所以在创作视频内容时，前5秒至关重要，需要抓住观众的眼球，提升视频完播率。

（2）互动率。在视频末尾或评论区引导用户关注、评论和转发。

（3）评论数。积极与粉丝互动，设置互动文案，引导粉丝评论。

（4）话题参与。在发布视频内容时可以添加与自己的视频内容相关的大流量话题，这样容易获得流量扶持，有助于提高作品的曝光率。

知晓以上规则后，接下来要做的就是创建一个容易引起人关注的抖音账号。

1. 明确账号的定位

（1）确定做账号的目的。很多人对于抖音运营都有一个认知误区，那就是播放量一定要高，吸粉一定要多。

这些数据固然很重要，但运营抖音的目的是通过抖音变现。如果没有变现途径，再好的数据也没有意义。

所以，在创立账号时，一定要明确账号的定位和完整的变现路径。

（2）视频形式。不同的行业决定了不同的视频形式，甚至决定了成本、人员、拍摄场景等。

视频形式分为真人出镜和非真人出镜。

真人出镜包括：①剧情式；②专家式；③采访式；④对口形模仿式；⑤变装式；⑥才艺展示式。

非真人出镜包括：①图片翻转；②动画；③视频混剪。

2. 掌握起号的规则

（1）找对标账号。在抖音这个流量洼地中，几乎包含了各个领域的账号，新号若想要突出重围，就要先分析竞品。可以从六个角度入手：①是否能完成竞品的视频形式及内容？②竞品是如何变现的？所需资源及能力自己是否具备？③能否长时间做这类视频内容？④如果做同类视频内容，有哪些可以改进的地方？⑤提高自己的鉴赏能力，找出行业/领域痛点，为自己的视频内容打基础。⑥多积累视频素材，为自己的视频内容做素材库。

（2）先模仿，再创新。对于新号来说，若想要快速有播放量\上热门，可以模仿同领域的火爆视频。

抖音是鼓励素人进行模仿的，模仿热门视频可以大大提高视频曝光率和上热门的概率。而当你有一定的粉丝基础或者能单独策划视频内容后，就可以做原创视频了。

（3）内容垂直。要时刻牢记，运营抖音账号的目的是变现。所以在创作内容的时候一定要围绕产品及服务进行创作，不要脱离核心业务。

如果只是单纯追赶热门内容，尽管可以带来一定的曝光率和关注度，但由于粉丝不够精准，依然难以变现。

（4）账号的冷启动。①发布视频时，点击"添加话题"按钮，系统会根据视频内容推送匹配度较高的话题。然后选择和视频内容相关的话题，完成定向推送。②增加定位信息，有助于系统推送给同城用户，获得更多流量。

账号启动以后还要注意运营，由于拍摄、剪辑、制作的时间偏长，真人出镜的视频可以选择一天一更或者两天一更；因为不需要拍摄，非真人出镜的视频只是寻找素材并对素材进行剪辑，因此一日两更或者三更均可。

视频制作好以后，就到了上传环节。要想在视频上传后快速突破500的播放量，可以从这样五个方面入手：①将视频时长控制在1分钟以内，提高视频的完播率；②标题新颖，能够一秒吸睛，把用户留下来；③BGM选择热门音乐，蹭音乐热度；④添加与视频内容相关的热门话题，借助话题的热度吸引流量；⑤投放DOU+，选择定向投放，不仅能快速获得曝光，还可以让系统快速给账号和内容打标签，使推送人群更精准。

随着流量红利的消失，在公域获取流量的成本越来越高，如何将抖音的流量进行筛选并引入自己的鱼塘，成为企业的燃眉之急。如果想要精准的流量，首要问题就是曝光度要足够高，而这就需要用到抖音SEO霸屏。

任何平台的SEO，其核心点都是关键词，若想达到霸屏效果，就需要对关键词进行对应的布局。

关键词一般分为以下三种。

（1）热门关键词。热门关键词是指平时搜索量比较大的词，这类词都比较简短，一般为2~4个字符，比如抖音SEO。但是优化热门关键词比较困难，其包含的流量也不是特别精准。

（2）行业相关词。相比热门关键词，行业相关词的搜索量较小，竞争力也更小，但是通过其获取到的流量却更加精准。

（3）长尾关键词。长尾关键词是热门关键词的延伸，比如热门关键词是"抖音霸屏"，那"抖音霸屏怎么做"就是一个长尾关键词。这种词的搜索量相对较小，但是获取到的用户却最精准。

那么，抖音SEO霸屏到底应该怎么做呢？

抖音霸屏的方法主要是将抖音账号、文案内容及视频内容进行精细化运作布局。

（1）抖音账号设置。在账号昵称中设置关键词，一个账号昵称一般可以设置2~4个关键词。

另外就是对外展示的名称。比如，你是做汽车美容、汽车贴膜的，可以取名为"鹏哥+汽车美容+贴膜+精洗+保养"名称，最多可以写20个字。

抖音账号名称最好与承接流量的微信账号名称保持一致。

微信账号最好设置为"字母+数字"，或者设置成手机号，方便、好记。其他用户看到微信账号后，若有沟通意向，就会通过手机号直接进行添加。

最后一步是设置简介。

简介的上限是200个字，可以设置几十个关键词或者业务介绍，这是一个很好的广告位，要充分利用。

当用户搜索同一个词时，即使账号昵称中没有包括搜索词，但简介里面有，也会被抓取。

（2）文案内容布局。在发布视频内容时，可以在标题里植入2~5个关键词，也可以用长尾关键词。

除此之外，每个话题都是一个长尾关键词，能加入多少话题就加入多少话题，直到不能添加为止。

一个合集标题，可以添加3个左右的关键词。在用户搜索关键词时，就有可能带关键词的合集。但是合集和话题需要与视频内容强关联，否则就会导致滞推、限流甚至封号。

（3）视频内容布局。在前5秒的视频内容中，需要展现与标题相关的关键词，文字要尽量大一些，方便被系统识别抓取。

另外，不要用艺术字体，尽量保持默认字体。同时将优化的关键词植入整个视频的前、中、后期，这样首尾相应，就会自动串联。

同一个关键词在视频里出现的次数越多，系统打标签的次数也会越多，这样就能更快地成为垂直账号，观看视频的用户也会更加精准。

在发布视频时，前几条视频可以做成公司或者产品的介绍，然后置顶。这样做的目的是让用户能直观地了解账号的定位和价值。之后的视频重点布局关键词，可以通过"地区 + 行业 + 产品 + 解决方案"的方式去组合。

视频号引流和变现技巧

抖音和视频号虽然都是短视频平台，但是这两个平台的内容呈现形式又有一定的区别。与抖音和快手不同的是，视频号的内容能不能"爆"，在一定程度上取决于朋友圈好友愿不愿意点赞？也就是所谓的私域能否撬动公域。如果朋友圈好友互动数量较多，那么平台就会将内容推荐给更多人，从而形成滚雪球效应，传播效果越来越好。

视频号很适合品牌和个体户使用，因为它没有复杂的商品后台，只需要在视频号里填写扩展链接，用户在观看短视频时，通过点击链接就可以直接跳转到企业公众号的文章页面，而企业只要在文章中加入小程序商城或者宣传内容，就能进行转化和宣传。

视频号不仅能够通过内容创作和直播吸引大量粉丝，还能依托微信强大的流量生态，将粉丝导入企业的企业微信号、个人微信号中，通过精细化经营用户，实现客单价的价值最大化。

视频号作为微信的衍生产品，其社交定位的本质不言而喻。按照用户触达的便捷程度和使用频次可以将视频号的入口分为以下三个级别。

一级入口包含了聊天分享、朋友圈分享及发现页的视频号入口。

二级入口包含了公众号和状态。

三级入口包含了朋友圈的地理位置、算法推荐和搜索。

从入口来看，视频号目前的功能还是丰富和服务已有的社交功能，具体如图1-3所示。

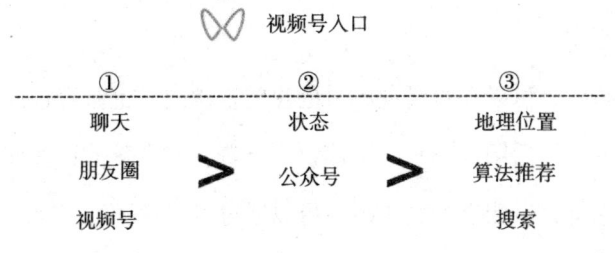

图1-3　视频号的三级入口

视频号传播的方式大致包括两种，具体如图1-4所示。

第一种方式：视频发布后创作者和朋友进行点赞，然后被创作者的其他好友、好友的好友看到，在社交圈层中传播；

第二种方式：视频发布后被系统推荐给其他用户，获得点赞后被用户的好友看到，继续以"社交好友＋算法推荐"的方式传播，具体如图1-4所示。

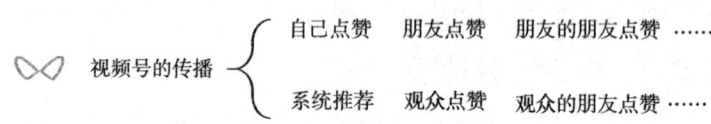

图1-4 视频号的两大传播方式

一、视频号引流技巧

1. 社群、朋友圈、公众号引流

引流之前要确定目标观众，即想要引起哪些人的关注。确定后，进行海报设计。

首先，海报需涵盖视频号介绍及视频号二维码，要让观众对视频号所讲的内容一目了然，明白能学到什么东西，或者能传递什么价值，给观众一个关注视频号的理由。

其次，海报要配上文案，然后将其推广到朋友圈、公众号和社群，以筛选种子用户。

2. 评论区引流

视频发布后，可以在自己视频号的热门视频内评论留言，评论内容要与视频内容相关，然后用"小号"给该评论点赞，若点赞数量多即可置顶。用户在看到评论留言后如果产生兴趣，可以通过点击视频号名字，直达视频号主页。

注意视频号主页和简介要清晰，也可以直接提供微信联系方式。

利用这种方法，也可以去其他人的视频号内容下面通过评论引流，但切记不要有硬广，否则容易被删除评论或拉黑。

3. 其他平台引流

除了微信生态内的流量，企业也可以去微博、抖音、知乎、百度、小红书等平台寻找流量。

比如在知乎里搜寻一些与自己视频号内容相关的问题来回答，然后插入视频号账号，用户看到回答，如果觉得内容不错，自然会搜索关注。

4. 私信引流

利用视频号的私信功能，借助相关的资料礼包以吸引其他人关注视频号，比如"关注视频号，私信赠送××资料（礼品）"。

当粉丝达到一定数量时就可以做相关产品的发售了。一般来讲，做知识付费类的产品更适合用这样的方法。

那么，将公域用户引流到自己的视频号后，该如何从视频号引流到私域呢？

1. 通常来说，布置好视频账号有以下两个途径

（1）在主页介绍中添加微信号，观众可直接搜索添加。

（2）在视频底部添加公众号文章链接，在文章中将行业、能够解决的问题、收获、个人优势和用户权益阐述清楚，留下微信二维码让用户主动添加。做到先引流，再转化。

2. 在日常直播时提醒粉丝添加

视频号在直播时可以在直播间的明显位置放企业二维码，将用户引流到企业微信中，然后再通过工具或者裂变活动进行用户裂变。

通过视频及直播引流进来的用户，要用企业微信做承接，将所有用户都聚合起来，实现高效的用户管理；再通过用户运营将用户留存并进行价值转化，从而产生"视频号+直播转化+企业微信""公域+私域"混合

双循环的雪球效应。

二、视频号产品变现的5种途径

1. 短视频带货变现

（1）围绕产品的优势及功能特点进行内容创作，然后添加公众号文章，嵌入购买链接即可。

（2）在视频下方直接挂产品橱窗链接，只要视频内容足够吸引用户，就可以激发用户的购买欲望，从而达到变现的目的。

2. 直播带货变现

如果企业或个人拥有一定的私域流量，那么就可以利用直播进行变现。因为私域中的用户对企业（个人）有基本的信任，可以借此打造更多的消费场景，挖掘用户价值。

在直播带货时需要提前制作裂变海报，邀请用户转发直播间，并发起抽奖活动，让更多的微信用户进入直播间中，同时可以利用抽福袋、送福利等方法拉长用户的观看时间，从而达到转化的目的。

3. 公众号付费阅读变现

如果能持续输出有价值的内容，不断给用户带来收获或良好的体验，那么"短视频内容＋公众号付费阅读"也是一种不错的变现方式。通过短视频内容吸引用户进入公众号，然后付费阅读全文，其前提是开通了公众号付费阅读功能，也可以开通广告主功能，在赚取品牌广告费的同时还可以给公众号涨粉。

4. 知识付费变现

对于个人来说，如果具备某项专业能力，想通过知识付费增加收入，那么视频号是一个很好的平台。

可以在垂直领域打造相关人设，比如营销专家、律师、健身教练等，通过技能展示或拆解案例来吸引用户关注。

如果想要进一步提高粉丝忠诚度，可以借助高价值的福利，比如免费赠送相关课程、售卖低价课程等，在不断树立专业、权威形象的同时，还可以引导粉丝添加微信，进行精细化运营，然后转化其他高价课程或服务。

5.手游引流变现

为手游公司进行游戏用户引流。首先录制游戏解说视频或游戏体验视频，然后将公众号文章链接挂在视频下方，在文章中插入游戏小程序或登录链接，进行引流。

"私域+公域"的双循环雪球效应

视频号出现后，它的定位曾一度引发讨论，毕竟从表面来看，它既不属于公域，也不属于私域，因视频号的定位不清晰，企业自然不知从何布局。

经过近两年的发展，目前人们对视频号的共同认知是它处于一个公私域交界的位置，可以叫作私域的二度人脉，即"私域+公域"的双循环雪球效应，如图1-5所示。

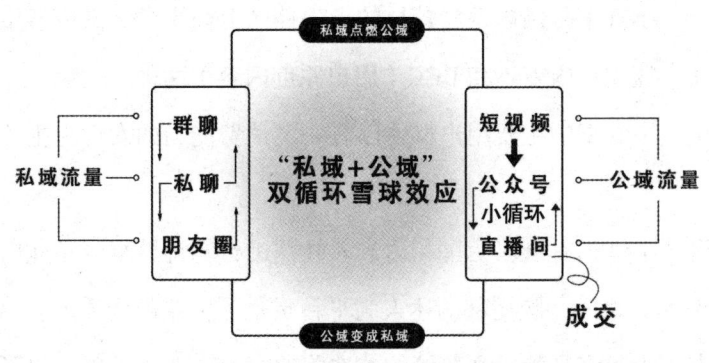

图1-5　"私域+公域"双循环雪球效应

怎么理解呢？

比如，博主发布了一条视频，只要有人给视频点了赞，那么此人的朋友也会看到这条视频，如果朋友觉得内容有趣/有料/有用，同样也会给视频点赞，那么朋友的朋友也会看到这条内容，以此类推……

所以，只要视频内容好，足够打动人，视频是可以一直传播下去并最终成为爆款视频的。

视频号就像一个能够单独做增长的发动机，它既可以利用现有私域流量做私域外扩，又能将外扩的增量引流至私域。

私域用户越多，外扩范围就越大，进而就能触达更多公域流量。

通过这种路径不断将公域流量引入私域，形成一个正向循环，打造企业的增长飞轮。而且这种增长逻辑比较依赖系统算法，就算公域流量不是很多，视频号依然可以依靠二度人脉进行传播引流。

小红书人设打造和运营技巧

小红书是一个集分享、种草、拔草于一体的社交平台，以图文和视频形式为主，其内容多为用户的日常生活以及好物分享，包含很多产品的使用体验。

小红书有其独特的平台属性和优势。

首先，小红书是国内发展较早的一款社区电商平台，其内容生产形式有PGC（专业生产内容）和UGC（用户原创内容）两种。

其次，小红书的主要用户群体以有一定消费能力的女性为主，流量非常精准。

最后，小红书有众多明星、达人入驻并进行笔记分享，是业内名气最大的种草App之一，腰尾部的达人为平台贡献了大量的优质内容。这也使得小红书成为很多品牌软文营销的首选阵地，为企业和品牌积累了大量的粉丝用户。

很多人有运营小红书的想法，但是开通账号后却不知道发什么内容、以什么频率发布，最后随意更新，这样做的结果就是账号长期无人关注，成为死号。

小红书到底该怎么做呢？

和抖音、视频号一样，做小红书的第一步同样是确定账号定位与人设打造。

一个值得关注的账号，必然能提供某些方面的价值，可以是知识，可以是技能，也可以是情感共鸣。

小红书博主变现的核心是持续创造价值及市场稀缺性。在其选择的赛道中竞争力越强，变现能力就越强。

怎么理解呢？

首先是所选择的赛道自身具备的竞争力。选择的赛道竞争力越强，热度越高，品牌方、商家和用户需求越大，市场才会越大，利润才会越多。

其次是定位、人设及粉丝数。粉丝越多，用户信任度越高，话语权越大，种草能力就越强。

最后是内容输出能力。只有当博主、合作的商家、粉丝、用户都有收获时，自身的利益才能持续最大化。

如果想要账号能够一直保持热度，就需要兼顾变现和内容创作，既要坚持长期输出有价值的内容，珍惜自己的羽毛，又要挑选合适的广告。

最好的变现就是通过运营内容增强自身的影响力，用影响力去获得更多的资源，做能持续赚钱的博主。

小红书打造的具体流程如图1-6所示。

图1-6 小红书打造流程

1. 定位的两大策略

（1）三分法

围绕自身兴趣、优势，目标用户的痛点、兴趣以及竞争对手的内容考虑自己的定位，具体如图1-7所示。

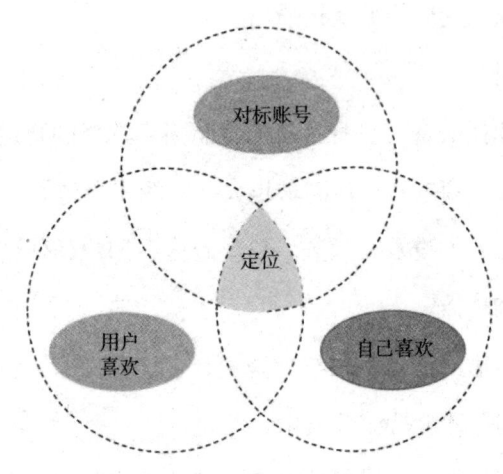

图1-7 小红书定位三分法

①自己喜欢。包括职业、爱好两个方面。职业：如果博主从事某个行业，则可以围绕行业输出知识，比如从事心理咨询的人，可以科普心理健康方面的知识。爱好：做自己感兴趣的事情，才能坚持得更久，比如唱歌、跳舞、健身或者电子竞技等。但是单纯爱好不代表你有能力输出内容，要在爱好、有输出能力和用户需求中找到聚焦点，而这个点就是

定位。

②用户喜欢。也就是要符合目标用户的兴趣。目标用户的画像、特征、日常关注的内容、爆文形式等，都是需要提前调研的内容。

③对标账号。知己知彼，百战不殆。

对标账号是指同领域内容中比较有影响力且和自己定位相符的账号。通过分析这些账号的内容形式和模式，总结出优缺点，然后在自己运营账号的过程中扬长避短。

（2）定位四象限法

定位四象限法具体如图1-8所示。

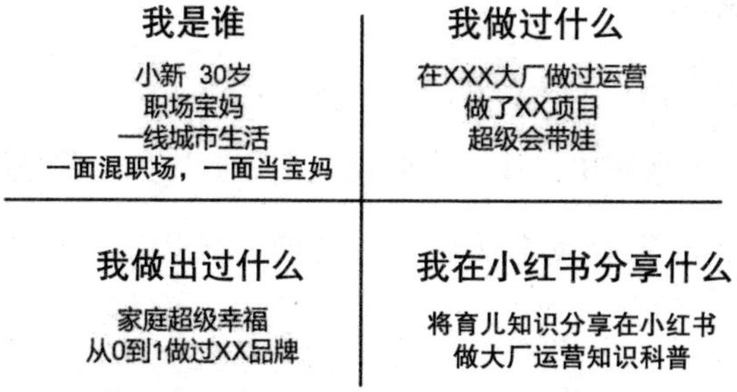

我是谁	我做过什么
小新 30岁 职场宝妈 一线城市生活 一面混职场，一面当宝妈	在XXX大厂做过运营 做了XX项目 超级会带娃
我做出过什么	我在小红书分享什么
家庭超级幸福 从0到1做过XX品牌	将育儿知识分享在小红书 做大厂运营知识科普

图1-8 小红书账号定位四象限图

①自身属性。包括性别、年龄、职业、兴趣爱好等。划分得越详细，越好做定位。

②具体职业。如销售员、律师、医生等。自己的职业一定要写出来，让用户了解。

③做出过的成就。在自己所从事的领域做出过哪些傲人的成绩，比如作为律师代理过哪些比较有影响力的案子，作为医生有什么医学突破，等等。

④分享的内容。写明自己要在小红书上分享什么内容，最好是与自己的职业相关的。此外，也可以分享一些自己的过往经历，如你是怎样度过

困难时刻的、你是如何赚到人生的第一桶金的等。

2.人设塑造五要素

人设＝对外形象＝信任＝转化。

打造人设的目的就是让系统为账号贴上标签，通过分享内容来达到源源不断地吸引目标用户的目的。

（1）头像照片

头像代表个人对外的形象，可以帮助用户更好地记住账号，相当于标识。因此应尽量选择职业照或者生活照，给粉丝留下一个具体的印象，同时真人出镜也能加深信任感。

（2）账号名称

起名字要遵循以下三大标准。

①好记忆。名字简单，让人一眼就能记住。比如，阿里巴巴、腾讯等。

②好理解。与职业或生活贴合，方便粉丝理解。比如，健身教练阿东等。

③好传播。通俗易懂，尽量避免拗口或生僻字，要做到让用户一听到，脑海里就能浮现出相关的文字。比如，淘宝、小米、美团等。

通常意义上的好名字，一般包括以下六种类型。

①学习成长型。大部分人都有自我提升的意识与需求，希望通过各种学习获得成长，所以涌现出很多做教育培训的博主。因此，这类名字很容易吸引那些渴望学习和自我提升的人。比如，跟着阿鹏学运营、跟着阿鹏学英语等。

②特定人群型。除了分享自己的经验，运营小红书还有打造个人品牌或者进行变现的目的，所以吸引特定的人群很关键。比如"喵星人俱乐部""美妆达人大美"，如此命名粉丝就很容易知道账号是属于哪个行

业了。

③职业昵称型。这种昵称组合的形式较为常见，比如，健身教练阿鹏、私域流量增长操盘手阿鹏。这么做的目的是让用户感知账号的温度。

④意见领袖型。意见领袖能表现出在某个领域的专业度，输出专业内容并对用户进行帮助。比如，楼市早知道、股市怎么看等，也就是KOL。

⑤时间标签型。"睡前故事""八点福利社"等名字，都体现了某个明确的时间段，这样用户就能根据自己的需求进行选择。

⑥号召行动型。比如，"每天记一句名言""一起瘦到90斤""每天学会一道菜"等名字，就很容易吸引对应领域的粉丝。如果提供的内容能够促使粉丝行动，那么粉丝对账号的黏性就会变得很强。

（3）账号简介

账号简介主要起补充说明的作用，因此一定要让人印象深刻且容易理解和记忆。

昵称中没有表达出的含义，可以通过简介表达出来，比如以往取得的成果、价值观和优势等。

（4）主页封面

首先，个人主页就像账号的家，当用户对某条笔记感兴趣并点进账号主页想要查看更多内容时，乱七八糟的页面会让他们对账号的第一印象大打折扣，所以好的主页设计非常重要。

其次，主页上会显示关注和被关注的账号。这是一个隐藏的广告位，如果有两个小红书账号，只要相互关注，就可以互相引流。

（5）笔记封面

主页的下方会展示所有的笔记作品，而且显示的是每个笔记的封面。所以，笔记或者视频封面的设置也很重要。

首先，笔记封面要突出标题，让粉丝能立刻看清楚每条笔记的主题和内容。这样，进入主页的粉丝不用点击内容查看，仅通过笔记封面就能选出自己感兴趣的内容。

这个小技巧能帮助用户降低选择的难度，让用户感到更轻松，体验更好。

其次，可以更换笔记封面的设计样式，不一定全都保持一致，但要尽量保持每3条笔记的封面样式一致，这样可以让封面看起来更美观、整齐。但笔记的内容风格和呈现形式要尽量保持一致。

3. 打造爆款内容

那么，什么样的内容才算是好的内容呢？如何写出爆款内容呢？

（1）好内容的标准

①对平台而言，能够激起用户共鸣或者能为用户提供价值、便于互动传播的原创内容就是好内容。

②对于用户而言，看完之后能够受益、得到快乐或者解决一些问题的内容就是好内容。

③对于品牌而言，能够利用内容将自己的品牌或者产品植入并完成曝光转化的闭环过程，就是好内容。讲通俗一点，就是将品牌信息精准触达用户，形成关键词记忆，并有良好的种草背书效果，能通过信息传播最终实现转化的内容就是好内容。

④对于博主而言，好内容能发挥自己的最大优势，带给用户知识价值、情感价值，引起用户共鸣，从而吸引用户关注，最终实现转化。

（2）如何打造好内容

要想打造出爆款内容，可以从以下七个细节入手。

①确定创作目的。笔记的内容分为两种：为了吸粉创作的干货内容和为了接推广写的广告笔记。

如果是前者,那么在创作之前需要对内容主题进行调研,搜索近期领域内的爆文,看看用户的兴趣点和关注点在哪里,这样才能创作出有价值的笔记内容。

如果是推广播控,则需要提前和商家沟通需求,想好怎么既将产品巧妙地推广出去,还不会引起粉丝的反感。

②确定笔记主题。针对一篇笔记,首先要确定主题内容,然后根据主题来规划大纲和填充细节。

在确定主题时,要考虑粉丝是否感兴趣、能给粉丝带来什么价值、能不能借助热门话题的热度等问题。

③确定笔记内容。在确定主题和大纲后,接下来就是填充内容。需要注意的是,内容一定要有价值、有意义,实用价值和情绪价值都可以,但不能违规或有敏感词,否则容易被限流或者封号。

④起一个好标题。发布小红书笔记时,需要填写标题,一般带有数字或者具体形容词的笔记标题更容易吸引用户的目光,具体来说,以下六种小红书标题起名方法可供参考。

一是提问式标题。具备讨论价值。适合产品对比或情感类笔记,有提问,就有讨论,一般形式为"标题话题+提问"。比如:"马上要结婚了,男朋友不愿意给我父母6.6万元彩礼,要不要嫁?""华为Mate 50和苹果iPhone14到底该选哪一个?好纠结啊!"

二是陈述式标题。明确作用及价值。适用于干货类笔记。小红书的用户大多是来寻找解决方法的,所以干货内容深受粉丝喜爱。

常用的形式有两种:"内容+作用"或者"问题+解决方案"。比如:"私域干货|做私域必须知道的100个专业名词""不知道怎么搭配服饰颜色?看完这篇就都解决啦。"

三是猎奇式标题。让用户产生好奇心理。比如："如果你也迷茫，建议读完这些书！""真的是太爱这款口红了，简直百搭！"

四是共鸣式标题。让用户产生情感共鸣。适用于提供情绪价值的内容或某个单独的产品或品牌。比如："有其父必有其子，说得太对了！"

五是热点式标题。蹭当下的热点话题。将当下的热点话题、热搜词放在话题里，增加流量。

六是数字式标题。让模糊信息可量化。准确的数字可以量化模糊信息，增强看点，用户可能会更加迫切地想知道数字对应的是哪些信息。比如："职场中这六句话是大忌。"

⑤做好笔记封面。和笔记标题一样，笔记封面也是一种直观的吸引用户浏览和点击笔记的方法，特别是在小红书这种以女性用户为主的社区，用户更愿意点击"高颜值"的笔记封面。

大体而言，小红书的笔记封面有以下几种。

一是大字报类。适合内容推荐和教程类的内容。

二是真实类。适合分享日常生活、产品测评。

三是对比类。适合产品测评、减肥健身、护肤保养这类有对比内容的笔记。

四是特点类。适合有个人特色的博主。

⑥正式发布笔记。准备好上述内容及素材后，在发布时最好加上与内容相关的话题或者标记地理位置，这样可以获得更多的曝光。

然后就是发布时间，一般小红书用户活跃的时间段是中午12点到下午2点、晚上8点到11点。

如果想获得更准确的数据，也可以测试在什么时间段发布内容，用户的浏览量和互动量比较高。

⑦做数据记录及复盘。在发布完后要进行数据统计，比如什么类型的内容浏览量和互动量高，什么样的笔记标题和封面图片对用户吸引力大，在时间充足的情况下，可以观察一下什么时候发布笔记的浏览量较高。

（3）如何增加粉丝参与度

如何做能增加粉丝参与度呢？要掌握以下几个技巧。

首先，用标题吸引用户眼球。

一是分几步说明内容。比如分享运营小红书的方法，在标题或者内容开头就应点明运营小红书需要分为几个步骤。感兴趣的用户就会想知道究竟是哪几个步骤，自己是否有不了解的。在这种前提下，被好奇心驱使的用户就会更愿意看完笔记。

二是在标题中提出问题。比如"你真的会使用你的苹果手机吗？"，粉丝如果想知道自己是否用对了方法，就能坚持看完笔记。

三是直接在标题上写"一定要看到最后"。用户会产生强烈的好奇心。前提是在内容的结尾一定要有彩蛋或惊喜，不然会被用户打上标题党的负面标签。

其次，吸引用户点赞，优化点赞数。

若用户能够看完笔记，说明他是接受笔记内容的。这时候，可以引导用户进行点赞、评论、收藏，在引导的过程中，要注意用户的以下两种心理需求。

一是损失厌恶心理。如果给某条笔记点赞或收藏，它就会留在对应列表里，因此从侧面反映出用户对这条笔记的认同。

由此可以看出，只有在希望以后用到且怕找不到这条笔记时，粉丝才会选择收藏。比如干货知识类对自己有用，粉丝才会做标记。所以，激发粉丝这种害怕失去的心理，就能提高点赞率、收藏率。

二是表达情绪。不管是幽默的内容还是令人难过的内容,都是在表达情绪。如果笔记里表达的情绪让粉丝感同身受,能将笔记内容和自己的生活关联起来,产生共鸣,那么粉丝就会愿意点赞。

最后,激发用户参与,增加评论数。

在运营小红书时,我们经常会遇到点赞多、评论少的情况。一方面是因为信息量少,粉丝没办法从笔记中获取更多信息;另一方面是由于话题感弱,粉丝没有参与互动的想法。

当遇到这种问题时,可以从以下两个方面入手来增加评论数。

一是增加信息量。通过小红书不仅可以创作图文,也可以发布视频。在有限的时间里,多增加自己的观点,这样就创造了大量的信息内容。观点越多,粉丝得到的信息就越多,这样粉丝就越容易从中找到共鸣的点,从而参与评论。

二是制造话题。在笔记内容中制造话题能非常有效地引发粉丝互动。当粉丝认同某个观点时就会留言表示赞同,如果有不同见解时,也会进行讨论、反驳,这样评论量和互动量就上来了。

(4)培养高质量粉丝

粉丝的数量固然重要,但如果想要账号能长期运营下去并持续变现,就要多培养高质量粉丝。

高质量的粉丝有哪些属性及特点?忠诚度高、黏性强、互动多、会持续关注账号。在后期变现时,这样的粉丝才有可能为商品买单。

如果想要吸引高质量粉丝,可以从以下三个方面入手。

①提高账号的长期价值。长期价值是指输出的内容足够多,让粉丝感觉通过关注账号的内容能够获得明显的收获和成长。长期价值主要体现在粉丝对账号的期待。如果账号持续更新或者有丰富的内容,粉丝才会长期

关注。

②主动出击，关注粉丝的需求。在运营账号的过程中，会有一部分粉丝经常参与互动，比如点赞、评论、收藏等，这些粉丝就是"铁粉"，将铁粉维护好，其就会进一步变成忠粉。

通过回复评论或者私信，询问活跃粉丝令他们感兴趣的话题和内容，以此作为创作方向。这样不仅能满足粉丝需求，同时也能够让粉丝感受到自己备受重视，甚至还可以邀请粉丝共同创作内容，让粉丝自发传播作品，吸引更多的人关注。

③互动留粉，提高粉丝黏性。只关注，不看笔记，不互动，这样的粉丝被称为"僵尸粉"。对于账号而言，"僵尸粉"是没有什么价值的。如果想要避免粉丝成为"僵尸粉"，就需要增强账号和粉丝的关联，调动粉丝的积极性。

掌握以下三个互动技巧，可以提高粉丝黏性。

①及时跟进。及时回复、有问有答的互动才是令人舒服的。粉丝发表的评论和私信，同样希望得到回复，回复越快，粉丝对账号的感觉越好，因为粉丝认为自己被尊重和重视。

②注意语气风格。账号的日常运营都是围绕定位和人设布局的，固定的风格要始终贯穿账号所有的作品。在与粉丝互动时，也要与整个账号的风格保持一致。如果反差太大，产生违和感，粉丝就会觉得很奇怪，进而放弃互动的念头。

③与谁互动很关键。

一是多和"铁粉"互动。前文说过，维护好"铁粉"，就能将其转化为忠粉，因此要留心观察哪些粉丝经常点赞或评论。当"铁粉"来评论时，要在第一时间回复。照顾好"铁粉"，才会带来更多的新粉丝。

二是多和提建议的粉丝互动。一些粉丝不仅会经常点赞、评论，还会对内容进行指点或者推荐创作主题。对博主来说，这类粉丝非常重要。素未谋面却愿意花费时间、精力提出意见，说明粉丝对账号已经产生了一定的好感。所以，对这类粉丝的需求，一定要及时给出反馈。

三是重视有名气的人的评论。有名气的人一般分为两种：一种是我们听说过但在网络上不怎么活跃的人，其粉丝不是很多；另一种是我们不太了解，但是粉丝量超过百万的大V。

在运营小红书的过程中，极有可能会遇到上述两种人对作品评论。他们的影响力较大，一条评论很可能影响账号的后续发展和舆论走向。所以在回复时要注意用词，表现出重视。此外，通过与这些人的互动，还可以吸引粉丝，提高账号的质量。

四是粉丝的负面评论。对于一篇笔记，有认可的人，自然也有不认可的人。在负面评论的影响下，不认可的用户往往会留下用词比较激烈的评论。

既然负面评论不可避免，就需要及时做出回应。得体的回复可以控制负面评论的消极影响，不让这些评论带偏粉丝。回复时，要摆事实、讲道理、以理服人。要慎用"删除评论"。如果遭到同行恶意抹黑，更要做到及时处理，以消除影响。

第三节　线下流量：同城流量积累途径和混群技巧

六大同城引流途径

很多朋友做的是门店的生意，受限于位置和覆盖范围，大部分顾客都是周边小区的住户，因此要将主要精力放在同城流量上。那么我们究竟应该如何积累同城流量呢？主要有以下六种方法。

1. 亲朋好友拉群

现在，基本上每个人的微信里都有几个本地微信群，可以私信亲朋好友拉自己进群。进群后，我们可以给拉自己进群的人发小红包表示感谢。但是我们进群后不能马上发广告，那样不仅会被群主踢出去，也会令拉我们进群的人觉得很尴尬。

进群后的第一件事就是修改在本群的昵称，然后将自己的小号拉到群里，保证后期发广告时万一被踢，还有其他号在群里。一般在进群后，要等过一段时间，再把广告小号拉进群。

2. 线下门店建群

如今很多经营者都有了私域的概念，建立起社群，让顾客直接在群内下单，既简单又方便。例如，在路边的店铺或者超市经常能看到一些社群的二维码，直接扫码就可以加入。

当一些门店没有贴出来二维码时，我们也可以主动问老板是否有群。需要注意的是，同一个微信号每天进群的数量不能太多，否则会被封号，所以在进群之前要提前做好准备工作。

3. 美团优选找群

美团优选已经走进四、五线城市，甚至覆盖了大部分县城及乡镇。如果你需要本地流量的话，可以通过美团优选进行加群操作。具体做法是，选择目标社区范围内的站点，购买一两件产品，取货时以刚搬家到附近为理由加群，大部分老板都会拉你进群的。

4. 地推礼品加群

我们在逛街的时候，经常能看到有些人拿着礼品做推广，在人流量多的地方进行地推，有的是为了注册某款软件，有的则是为了加群。

这个方法是直接的，也是比较快速的，设置好活动规则，比如邀请加入本地的3个群送什么礼物，邀请加入本地的5个群送什么礼物。对活动感兴趣的人自然就会主动找到你进行流量交换。通常，这种活动的成本会比较高，因此需根据项目运营经费和实际情况来定。当你遇到流量瓶颈的时候，这不失为一种快速引流的好方法。

5. 闲置物品建群

要想建群，可以先从做闲置物品交流群开始。比如，你可以打一份文档出来，大意是你组建了一个小区闲置二手群，给大家提供交流与处理闲置物品的空间。

一般有需求的小区住户，进群的概率很大，单人一天引流500+很正常，若团队操作的话流量会更多。

就像张贴广告一样，可以选择在电梯、广告栏、停车场等比较显眼的位置张贴进群的二维码。

如果小区管理比较严格，不允许张贴，那么我们也可以找小区周边的门店来张贴二维码，比如生活便利店、小超市、快递驿站、发廊、生鲜店等。可以这样和老板商量："你好老板，我是这个小区的业主，我过段时间要搬家了，家里有很多家电等东西不想带走，我想处理掉，把它们卖给小区里有需求的邻居。我计划建个群，但小区不让张贴，所以您看能不能把进群的二维码贴在您这里？我给您做群管理，您平常上新货或者办活动，也可以往群里发，这样也能增加您的收入。"这是互惠互利的事，老板一般都会同意，甚至会主动帮你拉人。当然，每个小区找 2～3 家店铺即可。

6. 异业换群

做生意的人或多或少都有一些同城群或者客户群，可以利用手中已有的群资源与其他行业的老板换群，达到双赢的局面。

此外，还可以在 58 同城 App 找本地的房屋中介，他们手里有大量本地微信群，如果他们愿意拉群，可以发红包表示感谢。

当然，用来交换的群，前提一定是比较精准的群。比如你是做女装的，你的客户都是女生，这时若找篮球俱乐部的群来交换，意义就不大。

进群以后，要先主动和群主搞好关系，之后告诉群主，为表示感谢，你要在群里发红包（可以多发几次），给大家一些福利，并且每次抢红包手气最佳的群成员可获得奖品。待群主在群内发布公告后，便可开始。因为发的是福利，因此群成员一般不会反感。发完红包以后，群成员都对你有了好感，你给他们留下了深刻的印象，这比发多少广告都有效。

在群内发过福利后，再找个合适的机会主动添加群成员，先加在群里和你互动过的群成员，以及抢到红包的群成员，这样比较容易成功，之后再慢慢将群内其他成员一一加为好友。加好友时可以这么说："我是××女装的××，以后有活动会提前通知您。"对你有兴趣的人自然会通过好友申请，而且这样加到的用户也会比较精准。

不同社群的混群技巧

在加群的时候，如果不小心进入一些"低质量"的群，这时你只需打完广告直接退群，没必要做更多的动作，以免影响效率。

但是，如果你进入一些"高质量"的群，就不适合直接打广告了，那样会引起人反感，还会让你的名声受损，所以，这时候就需要一些被动加粉的技巧。

被动加粉的粉丝质量比主动添加的好友的质量更高。如果想要别人主动添加你，你就必须在群里多冒泡，多找存在感，彰显自己的价值。

那么，如何做才能彰显自己的价值呢？

1. 自我介绍

自我介绍是每个人在进群后接触其他人的第一个触点，自我介绍的内容包括来自哪里、做什么工作、有什么成绩、能够给他人提供什么帮助和价值等。总之就是在群内进行自我价值塑造，然后通过观察群内的回复，就可以对社群的活跃人员形成初步的印象。

2. 主动与群主及群成员沟通

进群后先要和群主搞好关系，主动维护群主，因为整个社群都是围绕群主的关系建立的，与群主建立好关系，就相当于得到了群主的信任。

平时群主在群里说话或者发起活动时，要多配合群主进行社群氛围调动，因为回应和赞美他人也是获得别人好感的一种方式。此外，还要多帮群主承担社群的维护工作。

3. 赋能他人

首先，当社群里有人提出问题时，要用自己所了解的内容或者掌握的专业知识来帮助其解惑。

其次，多向群成员提供有价值、有意义的干货和信息。偶尔也可以结合自己做的项目进行交流，向大家展示自己的能力，争取给大家留下好的印象。

4. 发红包

如果你想做一个"群红人"，发红包是必不可少的。比如发个红包引导群成员参与一些话题的讨论、每逢节假日在群中发一个祝福红包等，都能提升群成员对你的好感。

5. 发资料、发福利、发课程

发资料、发课程或者发福利，都需要对价值进行塑造，营造一种"得不到就是损失"的氛围。

在这个过程中，你既可以将书籍的内容整理成笔记，也可以把付费课程的精华内容转换成自己的想法，或者分享行业的最新资料，这些都是为了让其他人觉得有利可图，从而主动找你。

以上就是我们在进入高质量社群时，主动吸引别人加自己好友的技巧。按照上述方法来做，相信你会有收获的。

第二章 缺客户，做裂变

第一节 裂变的底层逻辑

可复制的裂变增长模式

什么是裂变？

学过生物的人都知道细胞分裂，1个细胞裂变成2个，2个裂变成4个，4个裂变成8个，8个裂变成16个……从私域的角度来讲，种子用户人传人的营销方式就是一种裂变。

私域裂变是基于已有的微信好友的，通过在朋友圈、社群传播或一对一私聊，在短时间内达到"好友介绍好友"的传播目的，从而实现用户或销售额的增长。

常见的私域裂变方式有分销裂变、拼团裂变、任务宝裂变、助力砍价、投票裂变、红包抽奖、测试、社群裂变等。

成功的裂变活动往往不靠运气，靠的是方法和技巧，而且，这样的方法是完全可以复制的。

在操盘了近百个裂变增长项目后,笔者发现,虽然每个项目各不相同,甚至行业也不相同,但是所有项目裂变增长的底层逻辑都是一样的。

私域裂变增长的底层逻辑非常简单——如何激活更多的用户进行帮助分享?如何让更多的新用户继续帮助转发和传播?用户为什么帮着转发和分享?分享的效果如何最大化地提升?

驱动用户主动参与裂变的核心是心理驱动机制,主要包括以下两种。

1.利益驱动

利益驱动,就是商家提供一些利益给用户,用户为了获得这些利益而主动帮助商家分享的驱动行为。这也是操作起来相对简单的一种方式。俗话说用钱能搞定的问题就不是问题,常见的利益驱动方式有分润返佣模式和折扣优惠模式两种。

(1)分润返佣模式是目前最常用的裂变模式。让用户成为企业的"合伙人",用户只需要把分销海报或链接分享到社群、朋友圈等渠道,其好友通过专属海报或链接产生消费或交易,分享者就可以从中获得利益分配,推广越多,下单的人越多,分润收益就越多。这种模式的主要特点是分享赚钱,自购省钱。目前社交电商应用以这种模式居多,受国家法律及微信平台规则所限,分润返佣模式一般不超过两级。这种模式满足了用户赚钱的心理需求。

(2)折扣优惠模式,也就是拼多多模式。通过邀请朋友一起拼团购买商品获得比原价更优惠的价格或折扣。该模式满足了用户省钱的心理需求。

我们在设计驱动模式方案时,不能只是一味地考虑利益这种表面价值,还要考虑用户的心理价值。这里的心理价值是指在利益驱动下用户对利益价值的衡量。其中包含"省"与"赚"两个方向,两者给用户带来的心理价值和感受是相反的,有些用户会倾向于如何省钱,有些用户则会倾向于如何赚钱。而分润返佣模式就是典型的赚钱驱动，折扣优惠模式就是典型的省钱驱动。

2.情感驱动

情感驱动，是指用户在分享的过程中或分享结束后的反馈中获得某种情感和精神上的满足。情感驱动是很高阶的玩法，分享传播基本上都是用户自发的。例如，我们到一家餐厅就餐，发现这个餐厅的菜品摆盘很精美，味道也很好，餐厅的环境很舒适优雅。这时，很多朋友都会拍照、打卡、分享，但餐厅并没有提供任何利益给消费者，纯粹是情感的驱动促使很多消费者主动分享餐厅及美食，间接地起到了裂变传播的效果。

设计情感驱动型裂变价值，可以通过以下几个维度进行。

（1）共鸣。也称作同理心，比如愤怒、同情等情绪。我们经常在网络上看到人们对某个不好的事件进行猛烈抨击，抑或对某个人表示深切的同情。

（2）荣誉成就。比如获得了什么荣誉，接受过哪些媒体的采访。

（3）炫耀。所有人都希望得到别人的赞美，所以人们通常会刻意展示自己认可的事物，从而获得大家的赞美，比如，展示出去旅游的照片、别人送的礼物、一顿美好的大餐。

（4）表达自我认同。比如对家乡、星座、母校等的看法。

（5）利他。当你发现一个店卖东西特别便宜，你会不会分享给身边的朋友、同事和亲人？大部分人是会的。

如果你想要裂变成功，除了知道裂变驱动机制外，还需要找到精准的种子用户。以同样的裂变模式，如果种子用户不给力，应用效果就会大打折扣，有时候会裂变来一堆"羊毛党"，这就是传播的"人"不对的缘故。

很多人对拼多多、趣头条的裂变文案嗤之以鼻，心想：我才不会转发这种掉价的东西，但是这不是它们的问题，这是你的"问题"，因为你不是那个对的人。

所以在每次活动前，我们都要对现有用户进行多层次、多维度的分析，了解清楚我们要找什么样的人作为种子用户，才能针对正确的人做出正确的裂变机制，满足他们的传播动机。

微信生态是基于强关系社交下的去中心化传播生态，这就意味着每一个转发的好友中至少要有几个到几十个和他类似的人，这样活动才有可能继续下去，否则补贴送出，流程却到此停止，将得不偿失。

（6）种子用户要满足愿意转发、有传播度和符合品牌调性这三个特性。愿意转发是基础，通过传播度看是否匹配，是否符合品牌调性则需要提前做好分析。同一个人，在这个活动中可能是具有传播度的，但是换一个活动他的匹配度可能就不高了。

裂变式分享经济的核心

如果说信任是分享经济的本质，那么裂变可以说是分享经济的核心，即通过小成本的社交裂变吸引更多的流量来带动销量，寻求利益最大化。

裂变的基础就是社交关系，社交裂变的力量是无穷无尽的，通过裂变来卖货、口碑传播、招商、招合伙人、添加用户，等等。

每场活动的标准都是围绕核心目标而产生的，一个良性的社交裂变应符合"循环"的逻辑，而不是在一次裂变活动后就策划另一批新流量的裂变动作。

在进行社群裂变活动的时候，用户会习惯性地思考参与本次活动付出的综合成本高不高，对于他们来说，除了时间成本和金钱成本之外，还有信任成本。

若是一场简单的活动，奖品是雨伞、毛绒玩具等价值比较低的产品，你却让用户填写姓名、手机号、身份证号码等私密内容，相信绝大多数用户会抵触，拒绝参与活动。因此，对于非敏感性行业企业而言，在进行裂变活动时，绝大部分的裂变活动越简单越好，用户的理解成本、操作成本、交易成本越低，越容易产出良好的裂变效果。

此外，我们身边经常会有人愿意为了拿到拼多多的200元，邀请周边好友助力砍一刀；也会有老年人为了领一盒鸡蛋，在App上连续签到打卡20天；还会有商家送给用户100元甚至更多的优惠，用户也不会购买的理财产品。因此，对于不同的行业来说，在进行裂变活动时不仅需要考虑产品是什么属性，还需要考虑用户参与活动的底线是什么。例如，孩子参加某个需要靠投票获胜的活动，即便没有任何礼品，家长也会主动转发，甚至到很多群里请求别人帮忙投票。

最后还需要注意的是，在举办裂变活动时要能够给用户留下想象的空间，例如千元现金红包、送iPhone 13等。

第二节　裂变福利设计

福利设计的六大核心原则

福利是一场裂变活动的关键。假如一个刚毕业的大学生准备报考公务员，这时你送给他一本《申论写作八讲》，帮助他更好地完成考试，那么他肯定愿意转发；假如有一个宝妈，你送给她一套适龄儿童绘本读物，正是适合她的宝宝看的，那么她也会非常乐意转发分享。

我有痛点、有需求，而你提供的产品或服务正好可以解决我的需求，我就愿意分享转发。所以，设计一个好的福利，才能让用户自愿买单并产生分享裂变。这样活动就等于成功了一半。那么该如何设计一个爆款福利呢？以下为六大核心原则。

1. 用户真正想要的

可以理解为能够解决用户痛点和需求的福利，例如我们上面讲到的《申论写作八讲》和适龄儿童绘本读物。对于后者我们用了一个词——适龄，假如宝妈的孩子已经10岁了，你设计的福利是2岁孩子看的绘本，这个时候她就不会参与，因为这个福利无法满足她的痛点和她的孩子看书的需求。

2. 高价值

高价值是完全可以打破"用户需求"这个限制的。与上文中提到的"用户真正想要的"不同，高价值的重点是福利本身的价值高，例如福利的价格、稀缺性、奇特性等。该类福利并非完全以用户需求为出发点，但并不影响用户参与的积极性。这里仍然以10岁孩子的妈妈为例，如果福利是价值299元的儿童滑板车，她只要转发到朋友圈就能获得，这个时候即使她的孩子已经过了玩滑板车的年纪，但是因为福利的价值很高，对其吸引力足够大，她也会参与分享的。

3. 低成本

低成本福利可以有效降低获客成本，甚至可以实现盈利获客。例如使用虚拟产品（电子书、录播课等边际成本低的产品）作为福利，基本上可以实现0成本获客。通常实物福利比虚拟福利更具吸引力，但其成本也更高，因此低成本和高价值是实物福利设计的难点，要找到平衡点并突破它，可以多利用阿里巴巴或某些礼品渠道平台选购一些低成本、高价值的福利产品，例如某电商平台在售29800元的明星代言按摩椅，从礼品采购渠道购买只要不到1折的价格。

4. 相关性

福利产品是否与主营业务有高度的相关性，决定了裂变来的用户是否精准。举个例子，一家口腔诊所在做裂变活动时用水果做福利，活动很火爆，送出去几百箱福利产品水果，但是用户大多是冲着水果来的，跟口腔诊所没有任何关系，导致裂变来的用户不精准，后端产品无法得到升单及转化。所以福利与主营业务的高度相关性，是让裂变来的用户更加精准并增加后期升单及转化的重要因子。

5. 通用性

福利产品越通用普适，受众就越广。但很多人在对产品通用性的理解上存在思维误区，认为产品通用和高度相关是矛盾的。其实不然，相关性和通用性是层级关系，而并非两个不同维度。

仍然以口腔诊所为例，我们先列举几个和牙齿有相关性的产品，例如牙刷、牙线、洗牙服务、补牙服务，然后从这4个产品里选择通用的产品，很明显补牙服务不是通用的，如果我们以补牙为裂变福利，有100人看到活动，可能只有1个人有补牙需求，甚至可能几千人中才有10个人有这样的需求，这样就会导致大部分曝光流量被白白浪费掉，所以既具有相关性又具有通用性的是牙刷、牙线和洗牙服务这3个产品，我们选这3款产品作为裂变活动的福利，就能吸引很多精准的用户。

6. 可提供

可提供是指活动是真实有效的，即福利产品是可以如约交付的。我们在做裂变活动时，会有大量的用户参与，所以在设计福利产品时，要根据活动预算估算好数量，尤其是实物产品，还要考虑物流、包装等成本，保证每一个福利产品能够被真实有效地送出去，否则门店和品牌的口碑将会受到影响，甚至可能受到法律的制裁。

以上是我们从实践中总结出来的六条福利设计原则，在实际做福利裂变活动时，这六项原则不一定要全部符合，可以两两组合，也可以三三组合，但是可提供和高价值是必须要满足的，否则，活动效果和品牌声誉会受到很大影响。

常见的四种福利类型

（1）虚拟型。例如资料包、工具包、录播课、知识资料、优惠券等。

（2）服务型。例如一对一咨询、会员服务、社群服务、线下体验类服务等。

（3）现金型。现金红包、活动排行榜的奖金等。

（4）实物型。指与品牌有相关性的一切实物产品。

从裂变效果来看，虚拟型及服务型福利所吸引的用户会更精准一些，因为精准，受众和流量会受限，我们对裂变人数和裂变效果就不能有太高的预期；现金型和实物型福利会更吸引用户，裂变效果会更好，但是它们也会吸引一些冲着红包和礼品来的用户，这些用户的动机是"薅羊毛"，我们把这部分用户定位为"泛粉"，其后期的转化率不会很高。

从获客成本控制的角度来讲，虚拟型福利是成本最低的，例如前文中提到的针对大学生考公务员的《申论写作八讲》，这样的电子书是可以无限复制的，其边际成本几乎为0；现金型和实物型福利的获客成本比较高，裂变效果也比较好，因为这两种类型的福利的价值很容易被认识到。服务型福利的后续转化率是最高的，但是其时间成本会比较高，适合用在高客单价的产品上。

爆款海报的七大元素

众所周知，微信生态的内容有图片、文字、链接和视频四种呈现方式,其中,能够实现自动化循环裂变的只有第三方工具的链接和由图片、文字组成的专属海报。而专属海报则被广泛应用在一对一私聊、朋友圈、社群及线下易拉宝等场景,它是做活动的重要武器之一。

裂变海报是朋友圈占屏率最高的形式之一,如果用户转发链接到朋友圈或私聊,该链接只会显示标题且最多呈现两行字,此链接的屏幕占比是很小的,如果标题不吸引人,那么大部分人是不会点进去的,活动的曝光率就会大大降低。而裂变海报能够完全避免这样的问题,因为它直接将活动内容呈现在用户面前。

在设计海报的时候人们常常会陷入误区,把海报的美观设计放在第一位,其实这是不对的。裂变海报的目的有且只有一个——成交!当用户看到裂变海报的第一秒就能够被活动内容吸引,从而采取行动(这里的行动是指识别二维码这个动作),这就是裂变海报要达到的目的。

那么,到底什么样的海报才能让用户采取行动呢?

我们在设计海报的时候,通常会使用 AIDTAS 营销模型。在讲 AIDTAS 模型之前,先要了解大名鼎鼎的 AIDA 营销模型。AIDA 也被称作"爱达"公式,它是由国际推销专家海英兹·姆·戈得曼(Heinz M. Goldmann)总结的营销模式,也是西方营销学中的一个重要的公式。其要义是:消费者从接触外界的营销信息到完成购买行为,根据其反应程度的不同,可划分为注意力(Attention)、兴趣(Interest)、欲望(Desire)和行动(Action)四个连续的阶段。AIDA 是上述四个阶段的英语单词首字母的组合。

在互联网时代,AIDA 营销模型也与时俱进地进行了升级创新,发展为 AIDTAS,即增加了信任(Trust)和分享(Share)两个阶段。这也体现了自媒体时代的特征——媒体去中心化,权威性降低,信任感加强。与此同时,每一个人都是媒体,都能够通过自己的分享影响他人。

由 AIDTAS 入手，即可总结出爆款海报的七大元素。

1. 用户身份

"我已领取，邀请你和我一起备考。"

2. 主标题/副标题

主标题是一张海报中最大的卖点，其作用就是引起注意（Attention），用户对活动是否感兴趣，很大程度上由主标题决定，因此一个成功的主标题是能够在第一时间抓住用户的注意力、占领用户心智的。

刷屏级海报的主标题可通过用户的需求、痛点和欲望等维度来展示。以减肥产品为例，通过以上三个维度来展示不同主标题的写法。

（1）需求维度。"14 天急速减脂 5 公斤"，基于用户对快速减脂的需求，通过短时间快速减重吸引用户的注意力。

（2）痛点维度。"不运动、吃大肉，每天瘦一斤"，针对减肥需要坚持运动和控制饮食这两大痛点，击破痛点——不需运动、不用控制饮食也能减肥，从而让用户产生兴趣。

（3）欲望维度。"0 元参加集训营，带你瘦 7 斤"，利用人的"不占便宜就是损失"的心理来吸引用户参与。

此外，写主标题时需要注意的几个要点如下。

（1）主标题聚焦，明确主题。不要大而全，而要直击用户的痛点。

（2）文案要短小、紧凑、直接。让用户一看就能理解，知道活动要传递的信息，无须过多思考。

（3）一秒吸睛的主标题。在海报有限的空间里标题的字号越大越好，视觉锤可以让用户的注意力迅速聚焦，让用户在不点开"查看原图"的情况下也可以清晰地知道活动的主题是什么。

副标题是对主标题的补充和解释，仍然以减肥为例，主标题为"14 天急速减脂 5 公斤"，副标题则可以是"无须运动、不控制饮食的减肥法"。主标题既是需求也含痛点，14 天急速减脂是解决用户减肥求快的痛点，这个时候副标题继续对减肥痛点作进一步的解释和补充，起到影响用户心理的作用。

3. 大纲／卖点

这里主要展示产品卖点或课程的大纲，也就是交付物，例如用户可以得到什么、可以解决哪些问题……对于产品来说，由于海报尺寸有限，因此一般都优先展现最有价值的或用户最关注的产品卖点，但是产品卖点一定要简单易懂，让用户不用思考就能马上感知到。例如一件 T 恤，它的最大卖点是 120 支棉的面料（120 支棉指的是每平方英寸服装面料中排列的经纱和纬纱的根数为 120 根），普通 T 恤的面料可能只有 40 支棉左右，但是大众可能对此没有认知能力，所以我们可以将卖点换成超柔软亲肤面料，这样用户就能立刻明白了。

4. 信任背书

信任是用户做决策和行动的核心，一切成交都基于信任，如果用户没有对海报传递的信息产生信任，基于人类趋利避害的本性和损失厌恶心理，大多数人都会无动于衷，继续保持围观甚至直接走掉。

增加用户信任背书的常见的四个策略如下。

（1）通过销售数据或行业地位打造信任背书。产品的销售数据或行业地位是品牌背书的第一选择。例如大家耳熟能详的香飘飘奶茶的"一年卖出 3 亿多杯，能绕地球一圈"的广告语；再如瓜子二手车早期的广告语"创办一年，成交量就已遥遥领先"……这里有一点需要注意，广告语中的数据一定要真实，切记不能违反广告法，瓜子二手车就曾因"成交量就已遥遥领先"这句广告语涉嫌虚假宣传而被罚款。

（2）利用用户的从众心理和社会认同心理打造信任背书。例如"已帮助 2000 位胖友成功减重""百万妈妈的共同选择"。

（3）借助权威打造信任背书。比如行业专家、权威媒体、权威典籍、权威机构等；再比如央视上榜品牌、×××战略合作伙伴。

（4）借助代言人打造信任背书。主要以娱乐明星和体育明星为主。

5. 紧迫感

紧迫感可以让用户产生"不立刻行动就会有很大损失"的冲动，这在一定程度上能够提升活动的转化率。

裂变海报通常采用稀缺性、限制名额、限制时间的方法，利用用户的损失厌恶心理，推动用户马上下单。例如限额100名，前50名额外赠送×××；又如最后1天、倒计时N天/小时等。

6. 额外价值

额外价值也被称作超级赠品，是指通过提供额外的产品或服务提高活动产品的价值，让用户产生超预期的心理。例如在某美术培训机构，花29.9元可购买2节体验课，购买即送24色画笔一筒，购买一筒画笔也要花30元左右，这样就相当于体验课是免费的，凭借额外价值推动用户下单。

7. 二维码

二维码一般放置在海报的右下角，这样的设计符合人们的"从上到下、从左到右"的阅读浏览习惯，在浏览海报的最后为用户行动助力"临门一脚"，且二维码附近一般都会配有行动指令，例如扫二维码抢购等。

第三节 裂变模式及链路设计

分销裂变

分销裂变一般需要用户在参与活动时支付一定的金额来购买产品或服

务，同时分享转发给好友购买后自己获得红包奖利，如此循环，迅速打造爆款引流产品。因需要付费才能获得产品或服务，相较于其他裂变模式，通过分销裂变来的用户是过滤掉小号和羊毛党之后的用户，会更加精准，分销裂变是后期更容易转化的一种引流方式。

分销活动之所以能够产生病毒裂变效应，是因为它满足利己利他的消费和传播心理，用户把商家的优惠促销活动分享给朋友是利他，当朋友购买后用户还能得到红包奖励是利己。成功的分销活动一定是三方共赢的：商家获得流量或利润、参与分销的用户（分销员）获得分销红包奖励、用户获得低价且高质量的产品和服务。

一、分销裂变的三种模式

常见的分销裂变模式可分为以下三种，具体如图 2-1 所示。

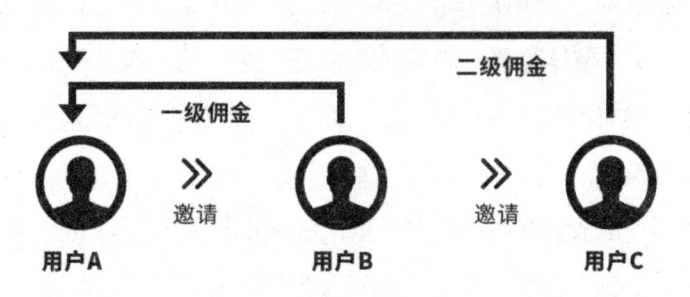

图2-1 分销裂变模式活动流程

1. 一级分销

只有用户直接邀请朋友且朋友购买后才可以获得分销红包奖励，即用户 A 分享给用户 B，用户 B 购买后，A 可以马上获得分销红包奖励，当用户 B 再邀请用户 C，用户 C 购买后，用户 B 便可以获得分销红包奖励，由于 C 不是 A 直接邀请的用户，所以 C 购买后，A 不会再获得红包奖励。

2. 二级分销

二级分销即用户 A 分享给用户 B，用户 B 购买后，用户 A 可以马上获得一级分销佣金奖励，当用户 B 再邀请用户 C，用户 C 购买时，用户 B 获得一级分销佣金奖励，用户 A 获得二级分销佣金奖励；当用户 C 再邀请用户 D，用户 D 购买时，用户 C 获得一级分销佣金奖励，用户 B 获得二级分销佣金奖励，由于用户 A 和用户 D 的层级关系已经超过 2 级，因此用户 D 和用户 A 已经没有二级分销关系了，故用户 D 购买，用户 A 不会获得佣金奖励，如图 2-2 所示。

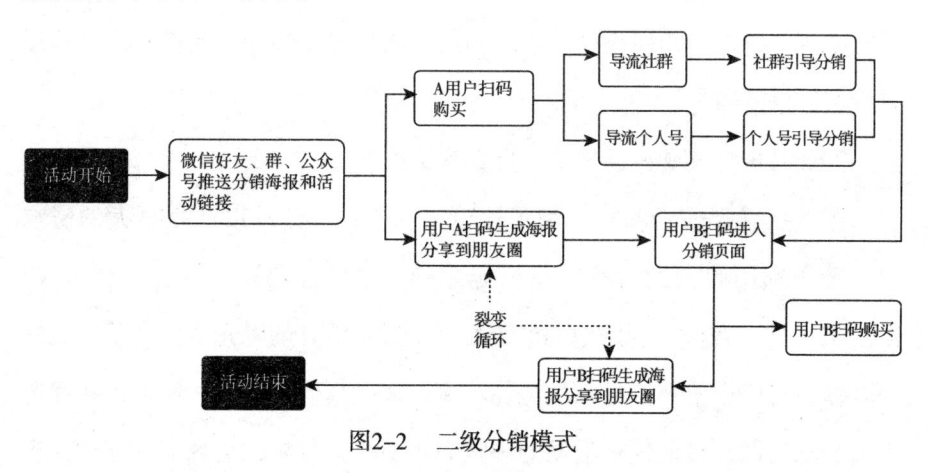

图2-2　二级分销模式

3.任务分销

任务分销是在一级分销或二级分销的基础上，增加对分销员的分销任务奖励，例如，每邀请 3 位好友购买，可以获得 ××× 礼品或额外的佣金奖励；每邀请 8 位好友购买，可以获得 ××× 礼品或额外的佣金奖励……通过额外的阶梯任务奖励，刺激分销员 KOC 持续行动。

二、分销裂变的四种玩法

1.统一分佣比例

这是最常见的玩法，统一分佣比例，一级分佣 × 元，二级分佣 × 元……对所有人都采用一样的分佣比例。

2. 组队分销，设置额外奖励

我们在做分销裂变活动时，为了扩大活动效果，常常会招募战队进行分组 PK。既然分组 PK，就需要设置 PK 机制。除了普通的分销佣金之外，还需要额外设置团队奖励机制。这里我们常常采用精神奖励和红包奖励的双重形式，精神奖励即荣誉证书、荣誉称号等，红包奖励不一定是现金，也可以是令用户感兴趣的实物奖品，比如一个扫地机器人、一个加湿器、一台手机等普适性比较强的奖品。当然，为了保障活动方的权益，需要设置最低订单量的指标。

3. 针对优质流量渠道，单独设置分销比例

在做一场裂变活动时，为了让更多的人参与活动以产生更大的影响力，除了利用我们的自有流量资源之外，通常还会跟一些自媒体大 V、KOL 或者网红合作，利用他们的流量资源增加活动的曝光率。为了能更好地合作，一般会给他们更高的分佣比例。通过高分佣的形式增强这些优质渠道的积极性，从而使得活动的影响力再上一个台阶，达到双方互利互惠的效果。

4. 个人分销排行榜额外奖励

根据帕累托法则，80% 的订单量都是由 20% 的人贡献的。分销排行榜奖励的玩法：除了固有的分销佣金和任务奖励之外，在裂变活动结束后，商家还会根据分销排行榜对第一名或前几名的用户进行额外奖励，以激励有能力的用户持续裂变。在进行分销排行榜奖励时，同样也要设置最低订单量的要求，以保障活动方的权益。

三、常见的四种分销裂变路径

这里说的路径是指用户在参与活动并付款后的用户路径，一般有以下四种。

1. 核销码

本地线下实体门店利用实物作为活动产品且需要用户到店使用或自提时，常用的路径是：用户在付款后会生成一个核销码，用户到店后店员扫客户的核销码进行核销。这里的核销码是由裂变工具自动生成的，因此由裂变工具进行核销管理。

2. 兑换码

兑换码有别于核销码，它是由活动方现有的其他系统生成的，例如App、小程序、会员系统、收银系统等。具体路径是：先生成兑换码，再导入裂变工具，用户在付款后会显示兑换码和兑换规则说明；之后用户根据兑换说明到对应活动方的其他平台进行产品的购买或服务的兑换。例如大闸蟹提货码，用户购买后获得一个兑换码，然后用户到大闸蟹的提货平台输入兑换码，即可领取大闸蟹。

3. 跳转链接

跳转链接常用于销售实物产品后线上快递到用户的裂变路径。具体为：用户付款成功后，系统会跳转到一个收件信息收集的链接，常用的有麦客表单、金数据等表单收集工具。

4. 自定义

自定义是指用户付款成功后，系统会跳转到一个可以自定义图文内容的自定义页面，通常会设置群二维码或企业微信二维码，并配有引导话术，引导购买后的用户进群或添加企业微信，然后根据欢迎语提示进行分享裂变。

拼团裂变

拼团裂变常见于教培行业，是一种利用老客户裂变出新客户的常用模式。一般是3人团或5人团，即老客户为团长，邀请2人或4人成团后，可以享受拼团价格。与分销裂变不同的是拼团裂变更依赖于老客户，在老客户对产品或服务认可的情况下，其为了能够以更低的价格买到产品或服务，邀请身边有相同需求的好友一起成团，从而实现活动裂变。

一、拼团裂变的两种玩法

1. 普通拼团

设定成团人数，例如3人或5人，用户开团后邀请好友拼团，成团后以优惠的价格购买产品。

2. 阶梯拼团

参加拼团的人数越多，购买的价格越便宜。例如，完成3人拼团可以8折购买，完成5人拼团可以7折购买，完成8人拼团可以5折购买……阶梯拼团除了以价格为福利之外，还可以以提供额外的产品或服务为阶梯奖励。以教培行业为例，完成3人拼团每人可以得到8节课，完成5人拼团每人在得到12节课的同时还能得到×××礼品……

二、拼团裂变的3种激励政策

1. 团长礼

团长礼即团长开团后邀请朋友进行拼团，完成拼团后，团长可以获得奖励。常用的团长礼有团长免单、实物礼品、红包等。

2. 成团礼

成团礼即该团已达到活动方要求的人数，拼团成功后，每个团员都能额外获得奖励。这里推荐使用实物奖励。

3. 邀请奖励

开团后，当团长或团员邀请好友参与拼团时，商家会给邀请者现金红包奖励，这里可以参考分销裂变的模式。

任务宝裂变

任务宝是以任务为中心,通过奖品、福利、红包等形式引导用户主动转发,邀请新用户,最终形成裂变传播的裂变模式。任务宝裂变是一种以最小的成本获得尽可能多的精准用户的增长。

1.任务宝裂变的展现形式

任务宝裂变分为公众号任务宝、企微好友裂变、企微群裂变,它们分别对应的是不同载体的用户增长,通常以多阶梯任务奖励和排行榜奖励的方式来实现。

一级阶梯是指用户完成第一级任务的助力规则,如邀请2人获得A奖品。

二级阶梯是指用户完成第二级任务的助力规则,如邀请2人获得A奖品,邀请5人再得B奖品。

三级阶梯是指用户完成第三级任务的助力规则,如邀请2人获得A奖品,邀请5人再得B奖品,邀请9人再得C奖品。

排行榜奖励的目的是激励有邀请能力的用户参与冲榜,如活动结束后,排行榜上的前3名可获得D奖品,排行榜上的第4—10名可获得E奖品。

2.任务宝裂变的特点

第一,可生成用户的专属海报,参与活动并完成任务后领取奖励,增加企业流量。

第二,针对活动带来的流量可以进行数据化分析,可以实时查看数据增长,可以实时追踪效果。

目前很多任务宝分裂工具都支持高效精准地获客,可设置参与人/助力人的性别、城市等,还能够有效规避"薅羊毛"行为。

3.任务宝裂变的使用场景

(1)教育培训机构。通过"送考研资料"活动海报来增加生源。

(2)餐饮美食。通过"送代金券"活动海报,吸引更多客户前往门店消费或线上下单。

（3）零售电商。通过"新品免费试用、买一送一"活动海报，吸引客源，增加收益。

4.任务宝裂变案例

公众号任务宝和企微任务宝的活动路径是一样的，但是裂变来的粉丝的承载不同，公众号任务宝最终将用户留存在公众号中，企微任务宝裂变来的用户则承载在企业微信上。用户添加企业微信或公众号后，系统会自动发送活动规则文案和专属海报图片，邀请好友扫码添加企业微信或公众号完成助力，达到指定邀请任务目标后即可领取商家奖励。好友需添加企业微信号或关注公众号即可助力成功，如果新用户对活动奖品感兴趣，则会继续分享转发海报，形成新的裂变循环，具体流程如图2-3所示。

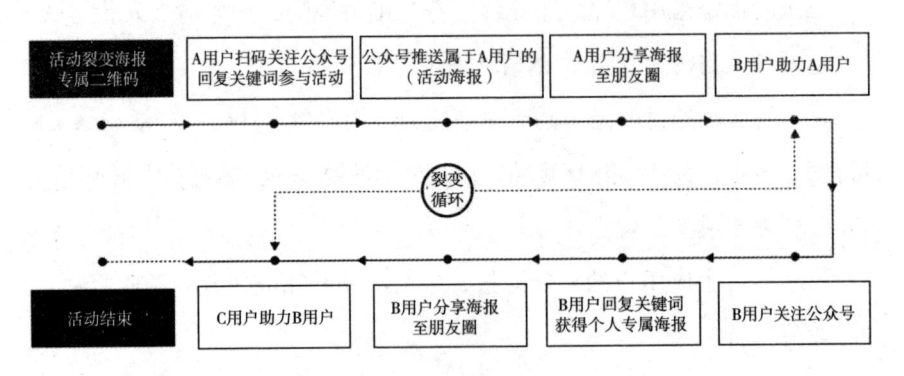

图2-3 裂变活动流程

案例：免费包邮领保温杯

企业微信自动回复话术：

Hi,（用户昵称）！欢迎参加"一起学，免费领"活动第9期！

本活动仅限小学生及小学生家长参与，保温杯安全、健康、容量大……

请您按照以下步骤领取：

第一步：邀请（18名）家长扫下方带你头像的图片；

第二步：人数够了就能领。好友助力后请不要删除老师微信，否则助力会失效。

运单号将在一周内给出，还会额外赠送名师课程。

下面这个就是你要分享的图片。

点击链接可查看已邀请人数。

公众号引导文案：

当用户关注公众号后，推送此文案，引导用户添加企业微信号。

@（用户昵称），你好！

本公众号会向您发送助力提醒，切勿取关哦！

活动真实有效，完成后百分之百发货。

添加方老师微信。

可获得（500ml保温杯）包邮到家！具体领取规则……

成功助力好友推送文案：

当B用户助力了A用户时，B用户收到企业微信号推送文案。

（用户昵称），您已为好友助力成功！

同时，诚邀您参与"一起学，免费领"活动！

本活动仅限小学生及小学生家长参与，保温杯安全、健康、容量大……

请您按照以下步骤领取：

第一步：邀请（18名）家长扫下方带你头像的图片。

第二步：人数够了就能领，好友助力后请不要删除方老师的微信，否则助力会失效。

运单号将在一周内给出，还会额外赠送名师课程。

下面这个就是你要分享的图片。

点击链接可查看已邀请人数。

收到好友助力成功的提醒文案：

当B用户助力了A用户时，A用户收到的助力成功提醒文案。

（助力好友的昵称）为你助力成功，你离保温杯又近了一步……

目前已经有（邀请好友的数量）位好友为你助力啦！

还差（达成条件还需要的助力人数）位好友助力即可成功领取保温杯，继续加油吧！

向方老师发送（进群）即可加入服务群查单号，领取学习红包/期中资料。

你的好友助力后，请不要删除方老师的微信！否则助力会失效。

注：如发现用户通过作弊、刷榜、互助群等不合规的方式领取奖品，主办方将会取消发货。活动最终解释权归公众号所有。

用户重复助力的提醒文案：

当用户多次助力好友时，推送此提醒文案：

（用户昵称），已经为好友助力过，不能重复助力哟！

同时，诚邀您一起参与"一起学，免费领"活动！

本活动仅限小学生及小学生家长参与，保温杯安全、健康、容量大！

请您按照以下步骤领取：

第一步：邀请（18名）家长扫下方带你头像的图片。

第二步：人数够了就能领。好友助力后请不要删除方老师的微信，否则助力会失效。

运单号将在一周内给出，还会额外赠送名师课程。

下面这个就是你要分享的图片。

点击链接可查看已邀请人数。

完成助力人数的提醒文案：

当完成对应阶梯的助力人数时，推送对应阶梯的提醒文案或图片。

（助力好友的昵称）为你助力成功，恭喜你完成了任务！

保温杯将在三天内发货。

点击链接填写收货地址。

注：如发现用户通过作弊、刷榜、互助群等不合规的方式领取奖品，主办方将会取消发货。活动最终解释权归公众号所有。

运营篇

第三章 会员管理与运营

第一节 门店私域流量的管理和运营

零售行业的变迁和现状

随着私域的概念日趋完善，构建和做好私域流量池便成为零售业必须要直面的事情。

逐流量而走，是我们以往做零售商业时最常用的手法。选一个流量大的商圈，找一个位置好的商铺，辅以有个性或格调适当的装修，精研商品的展示效果，招两三名服务员，依托有效的营销手法与技巧，一家旺铺便打造成功。当商圈开始衰落或店家有了更好的地点可选择时，便关掉这家店搬到其他地方继续经营。

在有货卖就有市场的时代，我们主要关心的是货什么时候才能到达店里。

随着商品市场的繁荣，竞品无限增多，为了延长店铺的生命周期，我们开始发放提供特定折扣或权益的会员卡，希望能借此留住熟客，使流量得以留存。

再后来，我们在淘宝、天猫、京东开设网店，建立自己的线上商城，打造新零售体系；开直播，打造网红店，等等。这一切都是为了把自然流量转化为私域流量，让用户成为我们的会员。

在品牌稀缺的时代，一个仅仅具备折扣功能的会员身份就能给予用户足够的心理优越感，从而培养出忠实的用户。要求持卡消费，不带卡不打折，便是商家的底气。当竞品逐渐增多，会员卡的数量也相应增多，此时持卡消费变成报卡号或电话号码即可享受权益。为了增加流量，商家绞尽了脑汁。

面对成堆的会员资料，商家似乎已经达到留存用户的目的。然而，促销电话被拒接；促销短信的送达率未知；公众号的阅读量越来越少。

这个时代，消费者离我们越来越远了吗？

为了提高销售额，我们只剩下打折的手段了吗？

与消费者之间的"最后的一公里"，怎么就变成了鸿沟？

在以往的零售实践中，我们通常将流量池内的成员称为会员，把他们的个人信息、消费金额、消费频次等数据记录在我们的 ERP 和 CRM（Customer Relationship Management，客户关系管理）系统中，制定对应的等级、福利与特权等，再通过宣传或信息推送（公众号、CRM 点对点、短信等）的方式触达会员，引导会员进行复购。

这套基于卖方思维的管理方式，体现的是一种以企业为中心的"管理"思维，CRM 是这种思维的集大成者，它的设计决定了记录特性大于交互特性，就算在一定程度上它能跟用户进行交互，也是非常有限的，CRM 难以及时感知用户的变化。

在用户数据的量级不高、商品信息更新不及时、商品信息维度不够的情况下，即便开发新商圈，也无法改变商品同质化带来的困境。再加上淘宝、抖音、快手等各种去中心化生活消费平台的出现，使零售主体的竞争力快速下降。面对落后的管理理念和营销手段，再厉害的售前宣传或导购都无用武之地。

自从私域概念兴起，很多企业入局，但是成功者寥寥。

究其原因是运营者将消费者当成"待割的韭菜"，过于追求技巧性的拉新、留存、转化，加上缺乏"营养"的运营，或者是运营者痴迷于裂变和引流带来的数据增长快感，而不考虑后端转化和客户服务。本末倒置的后果是运营者被用户拉黑，品牌也受到反噬，最终不得不宣告项目失败。

急功近利让整个私域的建设过程充斥着各种KPI、GMV考核，波次式数据增长的快感与高峰过后的恐慌并存，形成了一种恶性循环。

用户关系的变化

随着私域2.0时代的来临，SCRM（Social Customer Relationship Management，社会化的客户关系管理，也叫作基于社交媒体的客户关系管理）应运而生，企业开始从"以自己为中心"转变为"以用户为中心"。

私域不仅能让企业直接连接用户，而且还在品牌与用户、用户与用户之间形成网状沟通渠道。如此一来，企业就能为用户提供更加多元化的服务，并因此获取更多的用户数据，为企业实现品牌价值提供支持。

所以，SCRM并非指具体的某个软件或者管理工具产品，而是指一种新的用户经营理念。

从CRM到SCRM，为什么多了一个"S"？

其实"S"就是Social（社交），社交意味着互动，有互动就能产生交流、产生信任、产生互利，这是SCRM比传统的CRM多出来的含义。

私域2.0倡导用户体验，即如何用心服务好新老顾客。

在产品极为丰富的现在，怎么让用户选择、记住并信赖某个品牌，同时让用户愿意向身边的朋友分享？

如果想让用户主动复购，除了产品质量过硬以外，商家还要跟用户交朋友，培养用户黏性，降低用户的思考成本，从而增加用户的替换成本。

如今的用户不仅看中产品的使用价值，还在意产品带来的心理满足。这就要求企业在服务用户的过程中，大到品牌活动，小到沟通细节，都要站在用户的角度思考，以用户体验为前提。服务用户的细节，决定了品牌的生命力的强弱。

用户思维的升级

如果企业想要构建自己的私域流量池，老客户、老会员是最关键的流量来源，毕竟建立私域的目的是更好地服务用户，而私域运营其实是对会员管理的一种升级。

以瑞幸和五菱为例：

1. 教科书级的瑞幸咖啡

瑞幸咖啡2022年第二季度财报显示，瑞幸咖啡季度总营收为32.99亿元人民币，相比2021年提升72.4%，扣除债务损失后，连续2个季度实现盈利，瑞幸咖啡的私域用户数量更是增长到2800万。而瑞幸咖啡季度ARPU值（平均每个用户的消费金额）从2020年的120元提升到了2021年的153元，一般会员平均复购2次及以上，季度人均消费金额在一年内提升了27.5%。老用户运营和会员（即注册会员）运营，让用户复购、ARPU值得到较大幅度的提升，成为推动企业增长的强劲动力。

瑞幸咖啡的私域运营方式，想必大家已经耳熟能详了。处于发展阶段的瑞幸咖啡以"广告常客"和"补贴狂人"出名，铺天盖地的广告和

"豪"无人性的补贴是消费者对它的最初印象，如图 3-1 所示。

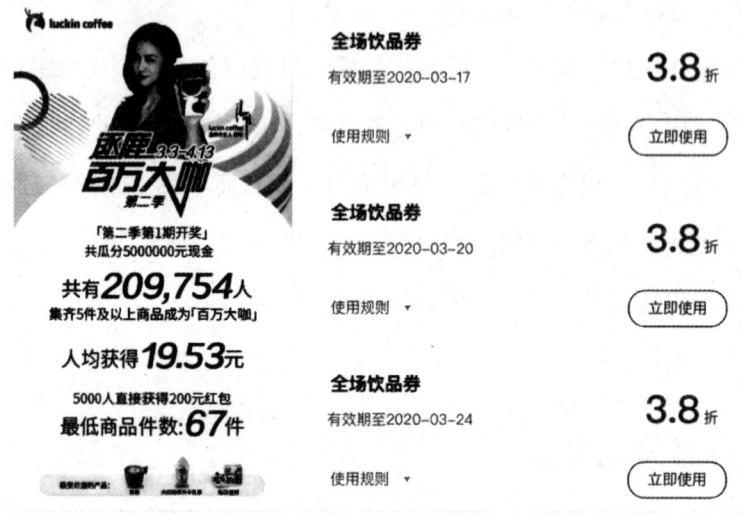

图3-1　瑞幸咖啡折扣券

2020年，瑞幸咖啡启用企业微信的方式连接用户，经过三个月的蓄力，截至2020年7月，瑞幸咖啡已经成功沉淀了180万用户，其中，围绕各门店组建的9100多个用户社群容纳了其中的110万用户。

瑞幸咖啡2020年第二季度公布的财报显示，瑞幸咖啡在门店数量超过7000家的同时，其企业微信的用户数量已经接近2000万，据统计瑞幸咖啡发布的新优惠政策或新的产品资讯，用户拉黑率不足千分之三。

"广告常客"以及"补贴狂人"的标签背后，瑞幸咖啡凭什么能够拥有数量如此庞大且忠实的客户？

秘诀是——不打扰。

何为不打扰？

瑞幸咖啡客服"福利官Lucky"会根据客户的需求偏好来进行相应的推送——客户喜欢点美式咖啡，它就不会推荐拿铁新品，如果商家在推送环节上用心去做，用户自然就愿意买单。

2.用户需要什么，五菱就造什么

依托小型货运用车市场，五菱在中国一直占据着巨大的市场份额。而近几年推出的新能源车型——宏光 MINI EV，更是一举成为都市新宠。

该款车型的创意来源是售后社群中几位女士对车身颜色的讨论意见，多彩的 MINI EV 成为城市的一道美丽的风景，这款车雄踞新能源车销售冠军宝座长达 16 个月。

尝到了甜头后，五菱就在营造与用户之间的亲密关系的道路上发力狂奔：

举办涂装车展；

推出红彤彤的印着"落实不是靠说，靠嗦"几个大字的螺蛳粉礼盒；

新冠肺炎疫情防控期间切换生产线生产口罩，达到日产 200 万个；

用"地摊界的劳斯莱斯"——豪华大空间的五菱荣光，成为推动地摊经济的第一车。

与用户玩作一团的五菱，随时通过各种方式加深自己与用户之间的情谊。

对于大多数的企业来说，五菱最值得学习的地方就是知道用户的需求是什么。

"用户需要什么，五菱就造什么"的传说可不是空穴来风，从皮实耐用的五菱之光到色彩缤纷的宏光 MINI EV，再到有创意的外壳涂装，包括短期内达到日产能 200 万个口罩，"地摊界的劳斯莱斯"，等等，无一不是在想当时用户之所想，急当时用户之所需。

有句话说得好：私域运营中最顶级的套路是交个朋友。

朋友，是何等亲密的关系。在私域 2.0 时代，营造与用户的亲密关系成为一种战略方向。站在用户的角度来思考，知道用户的喜好，如瑞幸咖啡的不打扰，就是从用户的角度出发，思考用户的真实需求；又如五菱的多彩宏光 MINI EV、口罩、"地摊界的劳斯莱斯"等。

第二节　用户进阶

亚马逊创始人杰夫·贝佐斯（Jeff Bezos）曾说："如果我有一百万个用户，我就会做一百万个不同的网站！"

早在 2013 年，淘宝就提出了"算法——千人千面"商品推荐机制，它记录着消费者的浏览历史、购买历史，平台根据数据反推消费者的喜好，并将对应的商品推送到消费者面前。

在这种机制下，用户周围的资讯模型都围绕个人的兴趣展开。从淘宝、京东到抖音、快手，再到资讯新闻，都是用户比较关注的内容。

这一切是如何做到的？答案就是标签。

大数据时代，用户在网络上的各种行为都会被系统捕捉，经过算法分析后转化为标签，贴到用户身上。不同的平台有不同的标签体系，随着算法的逐渐升级，标签的精准度也逐步提高，现在我们每个人在每个平台上的标签可以多达上千个。

为了争夺流量，各大平台还会给标签区分权重，权重大者高于权重小者。

今天，不同的人打开淘宝、京东、苏宁、拼多多等电商平台时，展现在面前的商品是不一样的；同样，不同的人打开抖音、快手甚至腾讯新闻、网易新闻，首页推送的消息也不一样。

算法根据不同的人的喜好推送其所关注、喜好的商品以及资讯。

当然，绝大多数企业无法形成前述那样的大平台数据集，但精准的用户画像仍然是不可或缺的。企业需要在有限的条件下知晓用户、认识用户、了解用户，如此才能更好地构建与用户的关系，才能实现私域运营所强调的用户进阶打法。懂得用户者，例如瑞幸咖啡，知道顾客的口味；又如五菱，明白顾客的需求和渴望。

私域运营强调的是用户的进阶（包括关系进阶、权益进阶等），这关系到转化、复购和转介绍。私域的本质是信任，是追求亲密关系，如果认知不够，是无法成为朋友的。

用户关系进阶

用户不是流量，而是人，是单独的个体。

1. 标签的展示作用

对于企业而言，每个用户都应该有一个画像，而且这个画像会随着产品的迭代或者更替而不断更新，画像代表着用户的每一个行为、与企业交互的认知标记。如果能够描绘出每个用户的特点，那么企业就可以更加了解用户的真正需求，从而加深对彼此的信任。

2008年，笔者曾看到过一个关于会员管理的视频，具体内容如下。

鞋服店的信息系统中储存着会员顾客的喜好、消费记录、搭配习惯等信息，会员刷卡进店后，导购员会根据这些信息提出建议：跟曾购买的衣服是否搭配、偏爱的款式是否有货、欲选购的款式是否曾购买过等。

因为有数据作参考，导购员的意见大多很中肯且具备可行性，既避免了无效推销，又为顾客营造了一个舒适的购物环境，极大地降低其决策难度，缩短决策过程，大大提升了转化率。

时至今日，以上策略和做法依然值得我们称道和推荐，让顾客感受到企业的尊重，他们自然也愿意回馈企业。

与此类似的还有笔者曾经历的一件事情：

每个周五，我都会去附近的瑞幸咖啡打包一杯冰美式咖啡。于是，福利官就会在周四或者周五的早上给我推送跟冰美式咖啡有关的优惠政策或者相关的提醒话术。同时，门店人员在看到我的时候，也会知晓我的需求，直接帮我打包好一杯冰美式咖啡。

"冰美式咖啡""周五消费""打包"，便是瑞幸咖啡给我打的标签。

2. 标签的构建

所谓标签，就是对用户的某个维度特征的描述。商家利用内容足够丰富的标签，就能真实地刻画出用户画像。用户标签有很多种分类，可以是用户的自然属性，也可以是对用户交易、资产数据的统计指标，还可以是基于某些规则总结出的用户信息分层。无论是以哪种形式，都是对用户的某个维度特征的描述与刻画，让使用者能快速获取信息。

标签是通过对用户的属性、偏好、生活习惯、行为等信息分析而来的高度精练的特征标识。它通常是以一些高度概括、容易理解的词语出现，通过标签不仅能够快速了解用户的情况，还能方便计算机进行信息处理，如图3-2所示。

用户画像的本质是用户需求，用户需求是商业的起点。

用户画像必须从业务场景出发，能够解决实际的业务问题。如果企业想要利用好用户画像，就要有获取新用户、提升用户体验或者挽回流失用户等具体明确的业务目标。

因此，在设计标签的过程中，需要尽量避免一些无意义或者倾向性不明确的标签，例如精致白领等。

企业在实践的过程中，不能想当然地设计标签，而一定要围绕业务本身。

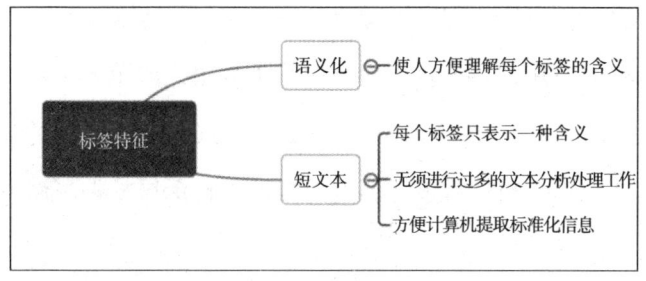

图3-2 标签特征

一般来说，不同企业的业务需求不同，数据收集方向也不同，数据收集大致包含以下几个方向。

（1）人口属性。包括性别、年龄等基本信息。

（2）兴趣特征。内容浏览、收藏内容、阅读咨询、购买物品偏好等。

（3）消费特征。根据消费行为产生的特征概括。

（4）位置特征。用户所处城市、所处居住区域、移动轨迹等。

（5）设备属性。使用的终端特征等。

（6）行为数据。访问时间、浏览路径等用户在网站的行为日志数据。

（7）社交数据。用户社交的相关数据。

很多企业在用户运营方面的能力有限，那么我们应该如何设计适合的标签呢？根据企业自身发展情况，可以从以下角度进行标签设计。

（1）公司战略角度。用户是企业持续发展的核心，根据目标用户的标签，我们可以洞察市场趋势，从而对产品和公司战略进行优化，让后面的工作开展有明确的方向。

（2）产品设计角度。通过对精准人群的需求进行分析，可以为产品赋予更多精准、个性化的服务以及需求满足点。

（3）运营管理角度。在提倡降本增效的时代，通过精准的标签我们可以对存量客户进行维护，提高留存率与活跃度。

简单来说，用户标签的应用场景主要有四个，具体如下。

（1）辅助洞察用户特征。用户画像是了解用户的重要工具，能够让运营人员快速获得对用户的信息认知，发现显著特征，获得业务推广的灵感。

（2）拓宽数据分析的维度。通过对数据进行深层挖掘、洞察，辅助业务落地。

（3）帮助运营方式从粗放到精细化转变。利用标签，我们可以对用户群体进行细分切割，给予精准度以及匹配度更高的触达手段，在合适的时间通过最佳渠道给用户传递他们最感兴趣的内容，例如活动、关怀推送、优惠券等。

（4）在日常应用中，用户标签可以作为其他数据的产品基础，例如异业广告推送、消费周期评估以及更多个性化的推荐系统等。

可以预见，企业在获取到足够的用户信息之后，用户标签画像系统能够给企业带来巨大价值。如前文提到的鞋服店案例，相信很少有用户能够抵挡如此热情且了解自己喜好的导购员。

标签并非越多越好，只有能够提供对企业有用的信息、能够为用户运营提供精准指向性、减轻运营压力的标签才是有意义的标签。

比如，酒类行业更多侧重于用户的口味，而服装行业侧重于用户的身高、颜色喜好等，美妆行业则需要采集用户的皮肤类型、体脂类型等数据。不同的行业，需要的标签数据不同。

在以往的运营中，企业更多的是通过用户画像和标签去了解一群人，根据这群人的特征进行产品、品牌方面的战略调整。

而在私域大行其道的今天，用户画像的作用已经变成企业通过标签去认识一个人、理解一个人，从而将他发展成企业的超级用户，见表3-1、

表3-2。

表3-1 服装类运营主体标签

标签分组	标签					
穿着习惯	旗袍	连衣裙	裤子	半身裙	卫衣	……
颜色喜好	酒红色	远空蓝	山水绿	米白	藏蓝	……
职业	学生	白领	老师	宝妈	全职太太	……
复购率	高复购客人	普通客人				
尺码	S	M	L	XL	XXL	
年龄	00后	95后	90后	80后	70后	70前
会员等级	SVIP（累计金额≥5000元）	VIP（累计金额≥2000元）	入门会员（注册）	初级会员（消费一次）	高级会员（累计金额≥500元）	
活动偏好	买X送Y促销	件数定价促销	件数立减促销	优惠券促销	商品促销	
版型	紧身	宽松	合体	修身		
消费力	讨价还价型	速战速决型	犹豫不决型	豪爽型	随和型	
肤色	白	黑	黄黑			
商品风格	中性风	优雅风	复古风	运动风	田园风	
身材	丰满	匀称	高挑	肥胖	瘦小	
客户来源	京东	天猫旗舰店	珠海店	广州店		
私域运营	已进群	未进群	企业微信多群好友	已退群		
	浏览商城未购买	访问商城高活跃	60天内未下单商城老客	访问商城高活跃	未浏览商城	

表3-2 美妆类运营主体标签

标签分组	标签				
性别	男	女			
年龄	20岁以下	20~30岁	30~40岁	40~50岁	50岁以上	……
地区	华南	华东	华中	西北	东北	西南
客户状态	学生	宝妈	白领	中年人	老年人	……
购买金额	100~500元	500~1000元	1000~5000元	5000元以上	……	
来源渠道	有赞	淘宝	天猫	京东	抖店	微盟
皮肤状况	油皮	干皮	混合肌	敏感肌	痘痘肌	
主要诉求	修复舒缓	减龄抗老	美白淡斑	补水保湿	祛痘控油	改善眼周
	提亮肤色	收缩毛孔	隔离			
销售阶段	潜在客户	试用客户	首次购买	复购客户		
售后类型	退款	退换货	退差价	投诉		
产品系列	卸妆系列	护肤系列	彩妆系列	清洁系列	面膜系列	
粉丝等级	新用户	老用户	活跃粉	忠实粉	VIP客户	
促销敏感度	高	中	低			
愿意接受的店铺信息类型	新品首发	会员活动	热销活动	秒杀活动	促销活动	
购物性格	爽快型	理智型	挑剔型	随意型		
群状态	已入群	未入群				

从表3-2中,我们可以看出标签体系构建的模式主要是从四大维度进行展开的,具体如图3-3所示。

(1)人口属性。主要描述用户所处的地域、籍贯、年龄、身高、体重、婚否、职业、生日、家庭情况等。这些,属于用户的基础信息,企业可以以此进行第一步的筛选。

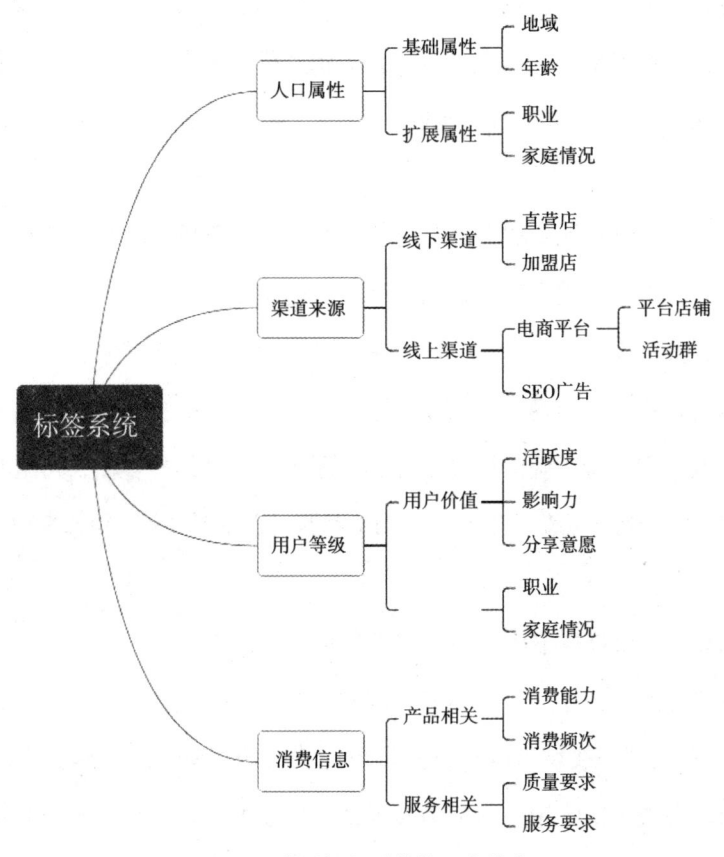

图3-3 常用标签系统的四大维度

（2）渠道来源。渠道来源通常可以分为线上、线下。如果进一步细分一下，线上渠道有电商平台、自建小程序、自建商城，等等；线下渠道又分为直营店、加盟店等。

只要知道用户来自哪里、了解用户对于品牌或店铺的熟悉程度，就能用合适的方式与用户进行沟通，做到精准触达。

（3）用户等级。用户等级是用户价值的重要体现。根据二八定律，通过有针对性、差异化的运营方式，企业可以培育出20%的超级用户，这些用户能为企业提供80%甚至更高的利润。

73

（4）消费信息。比如消费能力、产品用途、消费频次、产品颜色、产品大小、质量要求、产品价格、是否提供特殊服务等。消费信息可在一定程度上提升用户对品牌的忠诚度，同时，它也为企业提供了连接用户的路径。

对于大部分传统企业而言，它们不具备平台型的采集和计算能力，在只能依靠人力收集用户信息的前提下，结构清晰且可读性高的标签，会使这些企业工作效率更高、错误率更低。

因此，很多常规零售品牌以及线下实体企业采用的标签体系是树状结构。该结构有着明确的层级划分和父子关系，其结构整洁，可解释程度高，例如性别是男或女、年龄16～19岁等，企业可以从中快速提取所需的信息。

在标签建设过程中还需要注意四个问题，具体如下。

（1）为标签的释义订立标准。例如，在对消费能力进行描述时，同样消费2000元，一线城市的运营人员可能将该用户标记为B级别，而三线城市的运营人员则将用户标记为S级别；再比如，像颜色这类带有用户主观判断的因素，都需要制订一个可参考的标准。

（2）运营人员的培训。包括标签的使用规范、标签的重要性等。虽然在销售人员心中对于每个用户都有所刻画，但是只有将其转化为标签，才能成为企业的宝贵数据财富。

（3）标签的优化。在关于私域的理论中，有句话是这样说的：只有持续关注用户本身，才能让生意可持续。

随着时间的流逝，用户的心态、行为等都在不断地发生变化，只有及时对用户的标签进行优化和更新，才能留住用户。优化的方式有两种。①机器优化。通过不断输入用户的最新数据来调整标签，这种方式的优点在于机器的高效智能，其不足之处是需要投入一定的技术成本，同时，机器会欠缺一定的精准性。这种方式比较适合用在产品发展期，此时用户量较大，且有一套成熟的标签体系，机器可以达到一定的智能化，运营人员只需抽样对精准度进行测试，保持标签规则优化即可。不过，这种方式会依赖企业的 SCRM 产品的能力。②人工优化。人工优化的优点是精准度高，不足之处在于其人工运营成本高。这种方式适合用在产品初期，此阶段用户量小，机器识别度还不是很高。

以上两种方式的具体选择需要结合产品周期和用户体量，无论采用何种方式，都需要根据产品、业务场景持续对标签的规则进行调整优化，不然，标签数据模糊，用户画像自然也不精准，产品设计就会偏离用户真正的需求。

（4）用户的触达。在 CRM 时代，有三个问题一直困扰着企业。①操作烦琐。在传统的营销体系中，触达用户的只有一线的销售人员和导购，即使企业建立起标签体系，也只能依靠人力一条一条地将用户信息输入系统。这种烦琐的工作使员工消耗了很多心力，加上业绩压力，一线人员都有些不堪重负。②无法触达用户。完成用户信息输入后，CRM 系统无法发起互动，比如电话、邮箱不能一键拨通，也没有自动添加微信的功能，更不知道发出的宣传物料是否被用户看到。很显然，用户的需求和意向状态在此断档，很难被持续收集和更新。

如果换成其他方式，比如客服中心外呼，用户在没有建立基础信任的情况下接到营销电话，那么对其来说就是一种骚扰，会直接影响品牌形象。对于客服人员来说，如果客户频繁地挂断电话或者粗暴回应，也会带来巨大的心理压力。使用 AI 电话效果也不会太好，毕竟通常没人喜欢接到 AI 打来的电话。

在这种情况下，有些企业会将触达工作交给与客户熟悉的导购和销售人员，如果走到这一步，CRM系统也将失去它的意义。③标签不精准。客户的标签不仅包括联系方式这类基本信息，客户的需求、痛点、付费能力、意向等都关系到最后的转化。对于CRM系统而言，它只能平面化地记录标签，更多详细、即时的信息还是只存在于一线销售人员的脑子里。面对不精准的标签，运营人员也无法提供合适的运营方案。

归根到底，出现以上三个问题都是因为企业在对客户信息的记录、企业与客户的联系和沟通上有了断层。如果与客户无法产生互动，就不能记录和更新客户的最新信息，若没有数据支撑，CRM系统就失去了意义。

私域的崛起进一步验证了一个观点：客户沟通关系在哪里，生意机会就在哪里。

在国内，电子邮件的使用率已经大大降低，电话外呼又很容易被标记为骚扰电话，这两种方式都无法快速消除用户的抵触心理。

但微信，这个国民级的生活社交平台，拥有数亿级体量的活跃用户，而且朋友圈、小程序、公众号、社群、视频号等已经构成了成熟的微信生态，这正是企业想方设法寻找的可以便捷触达客户的场景。

从某种程度上来讲，正是因为有了微信这片土壤，私域才能诞生且迅速发展。

围绕微信，企业可以利用公众号、小程序、微信群、朋友圈、视频号等至少5种途径来触达用户。根据企业和用户之间的关系，企业可以制定有针对性的互动策略，比如联系的频率、运营的流程、恰当的话题等，力求在各个环节对用户产生正面影响，从而搭建企业想要的亲密关系，促进用户的活跃与转化，延长用户的生命周期。

有了触达的条件，精细化运营往往成为企业的必选项，建立完善的标签体系再次被提上日程，毕竟对于用户而言，真诚的关心要远远强于重复的推销。

正所谓：千万人撩你，不如一人懂你。

用户权益进阶

1.超级用户是企业未来发展的发动机

何为超级用户？其是指在未来，有明确消费意向、持续消费能力的老用户，这些用户同时具备高复购、高消费力、高忠诚度、高分享意愿的特征。

大量的理论和实践证明，企业追求的增长，其底层逻辑是拉新、复购和效能的增长。

小到一家饭店，大到如京东、阿里巴巴等商业巨头，无一不是在遵循一定的逻辑运作。拉新和留存，就是企业不断做营销活动的目的。

流量红利的衰退、获客成本的不断攀升，都在表明拉新的成本已经接近最高点，用户也在层出不穷的拉新活动中逐渐归于理性。留量取代流量，成了主流意识。

而高复购、高消费力、高忠诚度、高分享意愿的超级用户，成为企业新一轮争夺的重点。

私域2.0的理论指出，留量时代的弄潮儿是那些懂得如何打造超级用户增长体系的企业。

进入互联网下半场，企业的流量思维正在向用户思维过渡。用户思维强调的是与用户进行沟通，获取用户信任，通过用户的转介绍来完成销售闭环。所以，如果企业想要打造销售闭环，超级用户是一股必不可少的力量。

尼尔森研究指出，超级用户的消费力是普通用户的5～10倍，超级用户群体每增加1%，可带来普通用户新增10%～15%、销售额增加20%～25%。

留存，即让用户复购。

选择复购的用户，对企业已经有了一定程度的信任，或者说这些用户初次消费的体验不错。

一个用户从目标用户、付费用户、VIP用户、裂变用户到最后的合伙人用户，对应的行为分别是有购买需求、至少消费一次、多次付费购买、主动推荐他人购买甚至愿意销售产品、针对企业给出有效的反馈意见并支持产品服务迭代。

要想将目标用户培育成超级用户，除了找到经营锚点——微信之外，还需要为超级用户创造适合生长的土壤，即用户等级体系。

2. 会员等级的建立

如果用一种关系来形容用户和企业，那就是"老谋深算的爱情"。

如果用户感受到企业的尊重，能够在企业这里得到特殊对待，他们就更愿意选择复购。用户往往都觉得自己值得得到最好的对待，差异化的对待能够提高用户的黏性。会员等级就是这种需求下的产物。

会员等级是企业为会员制定的特别标签，方便企业根据会员的贡献价值进行差异化的分类管理。

这些规则并不少见，诸如各大零售店系统的银卡、金卡、钻石卡；以及人们习以为常的电商平台，如支付宝的大众会员、黄金会员、铂金会员等，如图3-4、图3-5所示。

会员等级	最小成长值	最大成长值	会员默认折扣	启用会员价	默认等级	是否积分	是否启用
V4	6000	9999	0	✗	✗	✓	✓
V3	2000	5999	0	✗	✗	✓	✓
V2	0	1999	0	✗	✗	✓	✓
V5	10000	999999	0	✗	✗	✓	✓

图3-4　某零售品牌制定的会员等级

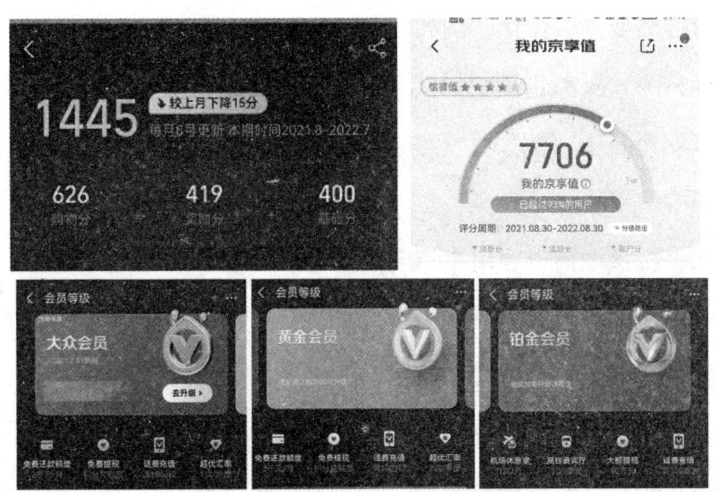

图3-5　常见电商平台的会员等级

无论是上图中的会员等级，还是淘气值、京享值，等等，均是等级的某种形式。

实际上，很多企业在用户等级与权益设计上并没有花费心思，原因是企业还没从管理者的角度转变为用户角度，还在基于管理的目的设立等级。图3-4中的会员等级设置便是非常失败的，没有体现出等级的本质。

设立会员等级的本质意义是提高用户对企业、品牌、产品的黏性，凝聚更多的用户目光以及注意力，从而驱使用户对企业、品牌形成稳定且长久的付费或是行为输出；在形成黏性的同时，企业利用等级权益营造用户心理上的荣誉感，辅以物质上的奖励，提高与竞争对手的竞争壁垒，减少用户流失。

会员等级体系主要包括四个方面，具体如下。

（1）定义影响等级的行为

主动行为。一般是指用户主动付出的行为。在线下零售管理中，用得最多的主动行为是消费金额。根据用户在门店消费了多少，即可升级成为某等级的会员，享受该等级的相应权益。在用户触点不断增多的今天，升级场景也逐渐变得多样化，例如在内部分享平台发文、推荐购买，等等。

被动行为。一般指用户对某些内容或产品表示认可。被动行为大多发生在互联网产品中，例如发文被点赞、加精华群、被人推荐等，在实体商业一般很少使用。

那么，应该如何设置用户等级体系呢？

每个企业的经营范围不同，可以根据自身提供的触点以及场景进行有针对性的设计。

江南布衣和京东的会员等级设计如图3-6所示。江南布衣是商业实体，而京东则是互联网电商平台，通过对比可以看到两种不同的等级设计效果。

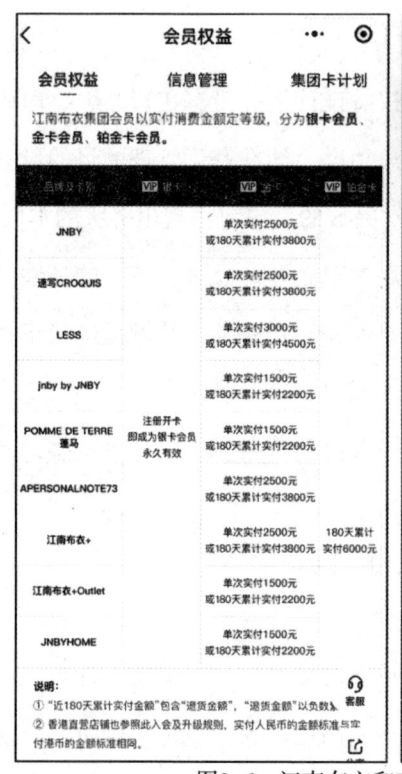

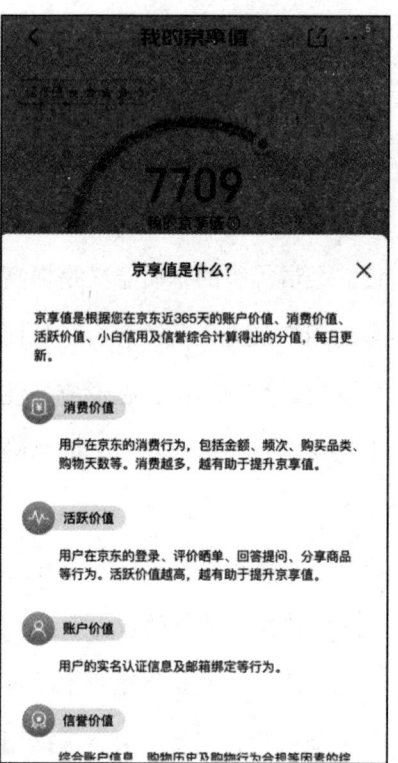

图3-6　江南布衣和京东的会员等级设计

（2）等级成长路径

等级是用户特权体系的基础和依据，分为有效期（例如淘宝、京东的会员等级）、无有效期（如QQ等级）等。

互联网产品有着非常复杂的成长路线设计，相比之下，触点远少于互联网产品的实体商品的成长路径的设计就要简单得多。如前文提到的江南布衣的会员等级，是一个样本化的成长路径设计案例，具体如下。

江南布衣+会员：

注册开卡为银卡会员，永久有效。

单次实付2500元或180天内累计实付3800元，升级为金卡会员。

180天累计实付6000元，升级为铂金卡会员。

实践证明，以实体商业为主的品牌和企业，如果想要经营好一个相对活跃的社区（具备跟京东、淘宝或其他App类似的有着繁多规则和玩法的社区），成本过于高昂。因此，在用户等级的成长上，企业通常都是以消费金额为主要依据，辅以其他的渠道，例如充值等手段。至于详细的设计，还是要根据企业自身情况而定。

（3）等级有效期设定

企业对用户的管理是基于等级的，每个等级所享有的权益有所不同。

这里涉及一个不得不面对的问题：用户的权益对于品牌或者企业来说是成本。

很多企业和品牌认为，等级高的客户就是高价值用户，因为他们消费的金额比较高。

但为什么淘宝的淘气值、京东的京享值、支付宝的会员经验值等，都会定期重新计算？

这时就需要提到RFM模型了，如图3-7所示。

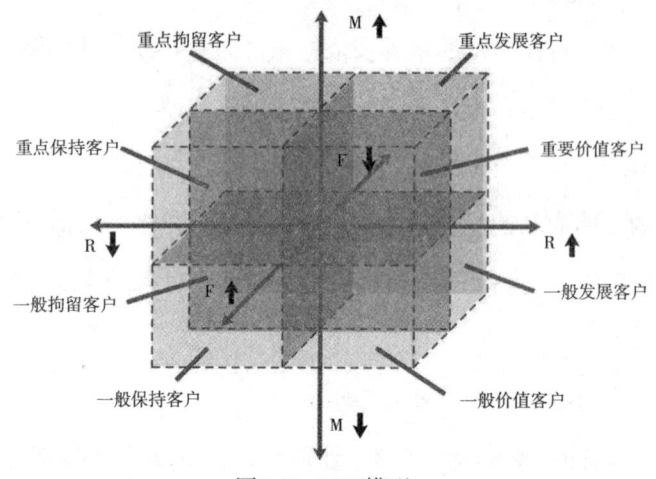

图3-7 RFM模型

RFM模型是一个根据客户的活跃程度和交易金额贡献值的大小所作的分类模型，按照R（Recency，近度）、F（Frequency，频度）和M（Monctary，额度）三个维度对客户的价值进行简单分析。

近度R。代表客户最近的活跃时间距离数据采集点的时间距离。时间越近，价值越大。

频度F。代表客户过去某段时间内的活跃频率。购买次数越多，对品牌的认可度越高，价值越大。

额度M。表示客户消费金额的多少，体现客户对于品牌的收入贡献。消费金额越高，价值越大。

在一定的时间跨度下，我们得出的用户价值见表3-3。

表3-3 用户价值表

用户价值分层				
用户分类	R	F	M	精准化服务
重要价值客户	高	高	高	优质客户，可重点服务
重点发展客户	高	低	高	需要重点维持

续表

重点保持客户	低	高	高	需要唤醒召回
重点挽留客户	低	低	高	需要挽留
一般价值客户	高	高	低	需要挖掘
一般发展客户	高	低	低	新用户，有推广价值
一般保持客户	低	高	低	贡献不大，一般维持
一般挽留客户	低	低	低	即将流失

为什么要给等级设置有效期？

假设一家企业的会员等级为银卡、金卡、钻石卡，钻石卡的门槛为消费 5000 元。只要客户达到钻石卡级别，企业就会为客户每月免费邮寄一件礼品，如果通过礼品能让客户持续消费，企业投入一些成本是值得的。

会员 A 在去年的某次消费后成功升级为钻石卡用户。近一年半的时间里，他每个月都会要求店铺邮寄权益礼品，却再也没有在店铺消费过。

显而易见，虽然该会员的等级是钻石卡，但是这个会员对于企业而言，已经成了一个负担。他不再创造效益，还需要企业为其付出礼品、邮费以及其他成本，得不偿失。

而这就是设置会员等级有效期的原因。

在 RFM 模型中，如果将考察时间跨度设置为一年，那么该用户的 R 值为 0（兑换礼品不算入交易行为中），F 值为 0，M 值也为 0。再加上权益成本的支出，店铺是亏损的。那这个钻石级别的用户，还有我们想象中的价值吗？

一个长时间不消费的高等级用户对于企业或者品牌来说，毫无价值。

因此，一定要设置会员等级有效期，以免用户在达到一定等级后不再活跃，却依旧享受着高等级的权益及待遇。一般会员等级有效期为 180 天或一年，到期后企业会根据过去的时间跨度值里该会员的活跃情况匹配新的等级（结合企业自身的实际情况设置即可）。

大多数的零售管理系统都有针对会员等级的升降机制，企业根据自身情况设置好条件后，系统会自动进行会员等级的升降操作。

（4）不同等级对应的权益

会员权益，即根据相应的等级，会员可以享有的权益、利益和荣誉，如图3-8所示。

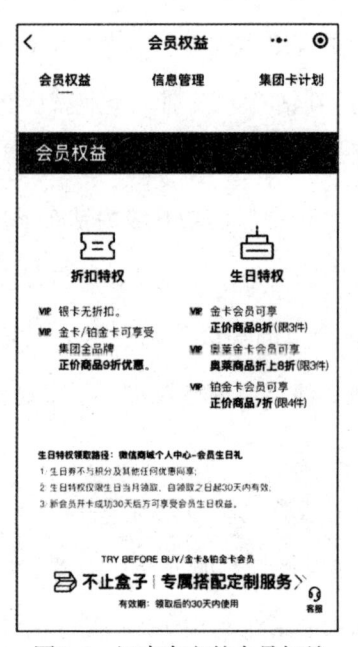

图3-8 江南布衣的会员权益

以江南布衣商城的等级权益为例，可以看到它的权益分为四类，具体如下。

①产品类。先试后买、限量抢购、退货免运费。

②服务类。专属搭配定制服务，洗护服务。

③活动类。会员价、会员日、会员生日特权。

④福利类。折扣特权，积分抵扣，积分兑换。

绝大多数的企业在设置权益时，采用的是利益型与服务型结合的方式。

利益型权益。在折扣、专享价、多倍积分、优惠券等方面，对不同的等级有不同的规定。大多是在产品价格或者转化利益上进行差异化设计。

服务型权益。在企业所提供的优质服务体验里进行差异化设计，例如江南布衣的专属搭配定制服务等。

在进行用户权益设计的时候，要从两个角度来衡量。一是企业视角。用相应的成本，给予用户最大的优越感，以持续形成心理壁垒，提高用户黏性，不断转化。二是用户视角。以用户的诉求为出发点，找准用户的痛点，精准输出，只有福利和特权并存，才能让用户对企业有持续的归属感。

能够满足用户所需、解决用户眼前的困局，或者能够让用户形成一定的优越感，才是成功的用户权益设计。

此类例子其实很常见，机场贵宾厅、高铁贵宾厅、银行贵宾厅、一对一专属形象定制、××卡享受免费邮寄、××卡等级多倍积分等，都是典型的权益设计。

目标用户 + 主流场景 + 用户痛点 = 解决用户痛点的权益合集。

要让用户感受到品牌的专注与用心，为用户带来超值、专属、定制化的产品和服务所提供的优越感。

江南布衣的"不止盒子"模式，便是零售鞋服品类的一个成功标杆。

用户在成为会员之后，可以享受九大特权，如图3-9所示。

1V1专属搭配服务；先试后买，5天内可退货；定期盒子权益升级；新品抢先穿；双向顺丰包邮；专属搭配盒子同时包含定制性方案和建议性方案；其他诸如生日礼盒、新人礼券；等等

通过这样的模式，可以解决用户从免费试穿到搭配服务的一系列问题，而且需求匹配度极其精准，可以让用户在看到权益的一瞬间就能产生

心理优越感，从而形成对品牌的认同和黏性。

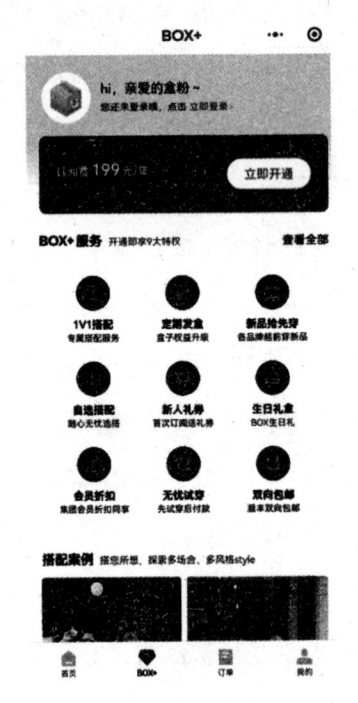

图3-9　江南布衣的BOX+的九大特权

在实践过程中，企业最常犯的错误归根结底还是看不透用户。

笔者在过往十几年对上百个品牌提供信息化管理服务的过程中，发现很多品牌在制定会员框架细则的时候，都是相关人员简单地讨论后就确定了方案。企业在不了解服务对象是谁的情况下，就将提供的服务项目决定好了。

没有任何数据或者调研的支撑，在凭空想象下建造的空中楼阁，自然不会达到令人满意的效果。

更有甚者，等级和权益一旦确定，便十年如一日，从不更改，也从不考虑老方案是否还适应当前的市场环境。

其根本原因还是企业没有从管理心态转变为服务心态，没有学会从客户角度出发。

现在，企业应该将"会员管理制度"，改名为"会员服务制度"，站在服务的角度重新看待用户，丢掉"铁打的制度，流水的用户"理念，紧跟用户做出改变才是企业长存的真谛。

设计会员等级和权益的目的是增加用户对品牌的信任，希望用户对品牌付出额外的注意力。如果企业想要达到这个目的，需要做到以下五点，具体如下。

（1）增加会员制度的曝光率。在用户与品牌接触的时候，不断提醒用户关于等级以及权益的使用，如大润发的大拇指专享品、会员印花、专属优惠券的领取，等等。让用户充分体会到会员的好处，不断培养用户的等级优越感。

（2）设计合理的成长路径。利用更加多元化的触点，创造除了消费行为之外更多的升级途径，例如私域提倡的游戏化场景、互联网App里的连续签到等。

（3）在等级名称、形象上给予不同的设计。这样做的目的是给用户提供可炫耀的工具，让用户之间互相攀比，从而提高活跃度，吸引用户注意力。

（4）时刻关心目标人群消费心理的变化，适时、适当地调整框架（等级、权益）。

（5）权益设计必须接地气。同时，企业要定期调整用户场景搭建，更新用户痛点，可以参考竞品或同行的设置方式。能解决用户痛点的权益，便是最好的权益。

3. 会员积分的设立与消耗

会员等级系统是一种补贴型的运营体系，其最终目的是维持"产品—用户"的关系，企业希望在体系内增加会员的黏性以及活跃度，而积分就是补贴形式之一。

在日常生活中，到处都有积分的身影：信用卡积分，某个品牌店的VIP积分，等等。

相比互联网产品复杂的积分系统，实体商业的积分制度相对简单。积分的主要获取途径大概分为三种：一是消费购买所得积分。包括常规购买、多倍积分活动购买；二是特权权益积分。例如等级多倍积分、生日多倍积分等；三是活动产生积分。在实际应用中大多以第一种为主。

江南布衣的会员积分政策就是以折扣区分而没有等级之类的区分，如图 3-10 所示。

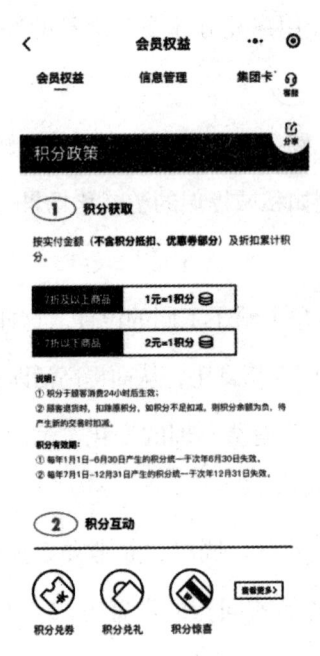

图3-10 江南布衣的会员积分政策

实体商业积分的获取规则一般和企业自身的业务密切相关，企业可以根据自身的实际情况进行制定。

实施积分制度的目的是提升用户的消费频次和客单价，如果用户获得了积分而不使用的话，也无法为企业带来更多的商业价值，因此企业还需要搭建积分消费场景。

（1）积分商城。消耗积分常用的方式之一，商城中可以提供实物或是虚拟商品的兑换服务，比如代金券、兑换券、文创周边等。

（2）积分活动。企业举办活动，用户需要消耗一定的积分才能报名，或者设计大转盘抽奖等游戏。

（3）积分有效期设定。通常有两种，年度清零或滚动清零（根据每笔积分的情况赋予时限）。

作为补贴形式之一，积分是企业关怀用户的一种方式。只有让用户充分体会到积分的价值，用户才会持续关注企业，不断争取积分；积分消耗，也是一种价值感的体现，这关乎商家的盈利，更是整个会员体系得以良性运作的关键。

积分体系是一把双刃剑，良好的积分运营可以让积分在赚取和消耗之间形成一个动态的平衡，只有这样，才能提高客户的忠诚度。

4.付费会员体系的构建

企业通过不断地对产品和服务进行优化，最终培育出愿意为产品或服务付费的用户，这类用户倾向于通过花钱来获得更佳的体验，这与企业寻找具备更高价值的忠实用户的诉求相契合。

针对这类人群的运营，企业需要由常规的折扣驱动逐渐转变为产品质量和服务驱动，再转向情感选择和品牌驱动，这就是私域运营理论中的超级用户、亲密关系。

在日常生活中，付费用户的例子比比皆是：零售类型的京东PLUS、江南布衣的"不止盒子"；娱乐类型的优酷、爱奇艺、腾讯会员；知识类型的得到VIP、喜马拉雅会员等。

可以这么说，付费会员是会员体系的核心目标之一。

在《艾瑞咨询：2017年中国零售业付费会员消费洞察》中曾提到以下四点，具体如下。

（1）中国消费者从标准需求时代1.0向个性化需求时代2.0转变，个性化和多元化的消费需求也引导零售商提供差异性服务。

（2）8%的用户表示愿意为更好的品质付出10%的消费溢价。

（3）付费用户的忠诚度高于非付费用户。

（4）收入水平越高，用户购买付费会员的意愿越强。

当前，各种红利被挖掘殆尽，增量枯竭，是每个企业都在面临的难题。

从流量到留量，从留量到比拼留量的质量，高价值用户争夺大战将会逐渐趋向白热化。而对付费用户的争夺，恰好就是企业对忠实且高价值用户资源的争夺，用户并不会为相似的服务多头付费。

付费会员体系源自品牌、企业本身的等级会员体系，其本质就是用户精细化运营的一种方式，因为划分维度的不同，便有了付费会员体系，其核心便是解决等级会员希望在主流场景上获取更多权益的诉求。

在图3-11中，爱奇艺星钻会员年费为398元/年，可以解决用户的以下痛点。

（1）提供内容上的爽点。热剧抢先看，高分大片、院线新片统统可以提前看。

（2）观影特权爽点。提供去广告特权，帧绮映画和杜比全景声提供高品质的音画享受。

（3）七端全屏通。除了提供计算机、手机、平板电脑等观看端，还有TV端、VR端，等等。

图3-11 爱奇艺VIP会员和京东PLUS会员权益

笔者就是因为星钻会员权益能够满足家里的老人和孩子观看电视的需求而付费的。

京东PLUS会员的核心权益是每年360元的运费券及PLUS专享价，搭配PLUS DAY、七天无理由双向免费退换货、每月100元专享券包，等等，解决了用户购物贵以及不想付运费的痛点。

由此我们可以知道，付费用户的权益设置方式和其痛点是一一对应的。

江南布衣"不止盒子"的权益设置针对的是服装搭配、邮费等痛点。

（1）效率的提升。逛街试穿费时费力，跨品牌搭配更是让人头疼。

专业搭配师通过一对一的导购服务，以专业的搭配眼光，利用本平台多品牌的优势，为用户提供至少两个成套方案；双向包邮，用户只需跟搭配师沟通，等待盒子的到来，进行试穿。如果喜欢，就留下，如果不喜欢，可直接退掉，用户不用担心售后问题，省时省力。

（2）情感与学习的联系。用户在与搭配师沟通的过程中，能感受到来自对方的温度。

用户在交流过程中慢慢探索自己的穿衣风格，不仅能体验与朋友逛街的感觉，还能从对方身上学到搭配的技巧，尤其对于女性用户来说，这种收获是非常具有诱惑力的。

江南布衣一年6次的盒子订购，对老顾客来说是主动触达的机会，相比短信、广告和私信等被动的触达方式，对于用户的关系促进更为有利。每次的搭配服务和与用户沟通的过程，无形中也加深了用户对品牌的情感。

付费会员权益的表现形式具体如下。

（1）优惠型权益。VIP专享折扣，如京东的PLUS价；优惠券的定期发放，如京东PLUS会员的100元券包；多倍返利或者积分，如PLUS会员的10倍返京豆。

（2）特权型权益。专属资源，例如专属客服、专属搭配师、会员专属标识、头像等。

（3）行为型权益。更高的行为自由度，例如双向无理由包邮退换货，又如内容平台上的只有获得VIP资格后才能看的内容、去广告、加速下载等。

只要找准场景，找准痛点，就算再简单的业态，也能做好付费会员服务。

建立私域的初衷不是为了卖货，而是把用户沉淀下来，进行更深层次的服务。要想把用户沉淀下来，首先需要认识用户、理解用户，这样才能知道如何满足客户。其次，满足超级用户的需求，留住更多的超级用户，只有这样的私域，才是真正的私域。

第四章 客户终身价值

第一节 客户终身价值创造企业新的增长点

"流量"到"留量"思维转变的必然性

从流量思维到留量思维的转变是大势所趋,也是由市场经济的宏观环境决定的。

众所周知,过去40年,我国经济一直处于高速增长阶段,只要顺势而为,且不出现重大决策失误,企业大多能赚到钱。

正如小米科技创始人雷军所说那样:站在"风口"上,猪都能飞起来。这种增长是大环境带来的红利,例如人口红利、互联网红利。这一时期的流量是经济增长的主要驱动力,因此企业普遍追求流量增长,并以流量思维为导向做出决策。

但是,受国际形势的影响,原来势不可当的互联网企业逐渐显出疲态,外贸企业的订单数量骤减,生产制造企业开始大量裁员,服务行业很难在短时间内得以恢复……这一切似乎都在预示着行业"寒冬"的到来。

除了环境问题,"烧钱"换流量的做法也已经过时,随着新增流量越来越少，获客成本也越来越高。

"烧钱"换流量是互联网企业中最普遍、最典型的做法。毫不夸张地说，很多互联网企业都是依靠这种模式发展起来的。高额补贴、快速扩张的背后，做的就是流量的生意。流量型企业对流量疯狂追逐，不惜借助资本"烧钱"换用户、换战略空间和时间。

但这样做换来的流量能否留下，留下的是"羊毛党"还是"真爱粉"，值得深思。

更重要的是，现在互联网的增长红利正在消失，流量越来越贵，用户越来越精明。即使企业投入再多资金，也很难得到和过去一样的回报。正如某位互联网公司的投资人所言："好的需求，完全是靠用户自发以及口碑产生出的病毒式传播。靠'烧钱'发展起来的需求基本上都是伪需求。"利用"烧钱"无法带来用户忠诚度，也无法建立品牌的"护城河"，流量型企业很难拥有光明的未来。

企业运营的重心渐渐转移。

流量和留量二者之间的关系非常微妙，如果把流量比作工作，那么留量就好比存款。

在进行用户运营的过程中，会因为流量而产生留量，也会因为留量而产生流量。可以说，企业靠用户流量获得用户留量，又因为用户留量获得新的用户流量。从流量思维到留量思维的转变，标志着企业开始注重用户运营。用户运营的目标之一就是为产品或品牌带来更多的流量，进而转化为留量。

传统的流量思维主要分为两步：第一步是拉新，第二步是成交。

也就是说，传统的流量型企业走的是一条需要不断重复投入的非闭环路径，在公域中不断拉新，继而实现成交，其后续发展依靠的仍然是重复拉新、成交，是不可循环的。

但是留量思维则不一样，它需要分为以下四步：第一步是门店顾客的引流；第二步是顾客的沉淀和成交；第三步是通过用户运营与顾客建立信任；第四步是不断地裂变和循环。

这一方法是在公域中获客，依靠产品和服务产生成交，依靠在线化的工具和精细化的运营将用户分层、标签化，再经过不断的运营实现用户的留存和激活，建立用户信任感，将用户转变为企业的资产，从而搭建企业的私域流量体系，最终将积累的用户口碑通过社交媒体和不同的在线渠道扩散到公域流量中，扩大企业影响力和传播范围，进而实现新一轮的用户拉新，不断地循环，形成增长飞轮。

很显然，留量思维能够实现企业发展的良性循环，不仅可以维护好企业的现有用户，把他们转变为忠诚度高的用户，还能够让现有用户带来新用户，持续不断地实现拉新与裂变，为企业源源不断地输送新鲜血液。

由此可以看出，用户运营能帮助企业节约成本。首先，维系老用户的成本比开发新用户的成本更低；其次是精准营销，利用会员信息和消费习惯进行会员分类，从而提供差异化服务和精准营销；再次，提高复购率和客单价、做好会员营销，可以提高用户的忠诚度以及活动的参与度，从而影响复购率和客单价；最后站在品牌宣传的角度，消费者更容易信任已经消费过的人群，利用会员的口碑宣传能提高品牌影响力。

在市场寒冬中，企业要想真正实现良性循环和业务增长，只有回归用户需求，从留存用户入手，通过管理、技术、营销、服务水平的提升，做好自己的产品、运营、服务，用口碑切实地推动企业发展，这是从"流量"到"留量"的转型路径，也是深耕用户运营的本质逻辑，更是当下深陷困境中的企业的破局之路。

客户终身价值的意义

客户终身价值，英文简称为 CLV 或 LTV。有现代营销学之父之称的菲利普·科特勒在 1997 年给出了这一概念的准确定义，即在维持顾客的条件下，企业从该顾客的持续购买所获得的利润流的现值。

换用更直白一点的描述，客户终身价值是指每个顾客在未来可能为企业带来的收益总和。假如你有 1 个客户，这个客户确定只和你合作两年，在合作的两年中他每年为你带来 150 万元的利润，那么这个客户的终身价值就是 300 万元。

客户终身价值由三部分构成，一是历史价值，二是当前价值，三是潜在价值。

历史价值是指对企业而言已经实现的客户价值。

当前价值是指企业现在可以预见的从客户那里获得的收益。这些收益的来源是客户使用的各类业务，以及在不改变目前的行为模式的前提下其给企业贡献的顾客价值。比如联通、移动、电信等企业推出的 2 年套餐就是可以预见的客户收益。根据客户当前价值的高低可以用来寻找高价值的客户，使企业可以获得更好的营销回报。

潜在价值是指客户未来可能给企业带来的价值。这些价值包括基本价值，即客户改变购买决策购买更多产品；以及成长价值，即通过企业有效决策促使客户介绍更多客户来购买。

从企业发展的角度来看，当前价值和潜在价值都很重要。当前价值主要受到历史数据影响，而潜在价值则具有动态性和不确定性。

客户终身价值并不是单一维度的概念，而是由时间维度、份额维度以及范围维度三个维度构成的。

1. 时间维度

客户时间维度代表企业维持客户的时间，维持客户的时间越长，客户终身价值越高。

客户的生命周期通常有六个关键节点：首触、激活、购买、复购、成熟以及流失。

首触就是首次触达，是用户第一次接触到品牌，用户可能是看到了品牌的广告、品牌的内容，也可能是参与了品牌开展的活动，还有可能是听了朋友的介绍等。

激活是指用户和品牌之间产生了互动，包括添加微信、下载小程序、关注品牌内容平台、联系客服、进店等。

购买是指用户产生了首次付费行为。

复购是指用户产生了再次付费的行为。

成熟是指用户多次购买且对品牌传递的价值观很认可，他不仅自己在使用，还会推荐给自己的亲朋好友。

流失是指用户长时间不再购买品牌的消费产品，进入不活跃状态。

在运营的时候，企业可以根据每个节点出现的具体问题，进行有针对性的突破。

比如从首触到激活，常见的场景是用户看到品牌广告后添加客服，在这个环节里通常会出现用户不添加客服微信的情况。出现这种情况的原因有两个：一是广告传递的价值并不是用户想要的，二是广告的文案不够吸引人。

对于第一种情况，品牌需要考虑的是自己的定位是否精确，投放的渠道是否精准。对于第二种情况，品牌需要考虑更换更好的文案和更吸引人的海报，一秒吸睛才能提升转化率。

从激活到购买节点也会遇到类似的情况。用户和品牌产生互动之后用户为什么没能及时下单？是因为产品定位不匹配？抑或是活动力度不够？还是顾客信任感没能建立好？

如果是产品定位不匹配，就需要更换产品或者套餐。如果是活动力度不够，可以做适当的调整，或者更换活动的方式。如果是顾客信任感没有建立好，那么商家就要考虑是不是客服或者销售的话术有问题。

加强复购节点的把控也是延长用户生命周期常用的方式之一。比如一个用户在首次购买之后就静默了，那么这个用户的生命周期只有 1 天，但是在 3 个月之后，企业通过一系列的促活手段让用户再次购买，这个时候用户的生命周期就提升到了 3 个月，企业可以尝试把相应的运营促活手段用在其余的流失用户上。还有一种情况是某个用户并未流失，但是他的购买频次明显低于其他复购用户的频次，在这种情况下企业可以通过设计一系列的优惠活动，提升用户的消费频次。

2. 份额维度

份额维度指的是企业所提供的产品或服务占客户消费支出的百分比。客户可以和许多企业建立长期的关系，要想获得更大的客户终身价值，不仅要有更高的客户维持率，还要有更高的客户份额。

客户份额提升的关键是拓展需求，其一是通过多 SKU 的组合满足用户的多面需求，其二是通过规划更高级的会员权益，满足用户更高级需求。

比如，A 品牌只为客户提供内衣的选择，而作为客户，除了购买内衣的需求，还有购买家居服、床上用品的需求，如果 A 品牌不能满足客户，那么客户就会选择在 B 品牌购买，假如 A 品牌通过扩展自身 SKU，让客户能一站式购买内衣、家居服和床上用品，是不是就能增加客户在 A 品牌购买的概率呢？这样客户份额是不是也能提升呢？这就是通过多 SKU 满足客户多方面需求的思路。

规划高级用户权益常用在知识付费或者软件领域，常见于当前产品已不能满足用户的高级需求时。比如知识付费领域中常见的产品体系，199 元的入门课程、1999 元的实操课、49999 元的私董会，这些产品对于用户来说权益都是不同的。199 元的入门课程只是交付课程，满足用户了解知识的需求。1999 元的实操课除了包含交付课程还会有老师、助教等角色的服务，满足用户掌握技能的需求。49999 元的私董会不仅包含交付课程和更多的服务，还能让用户成为合作伙伴，满足了用户"既能学习又能赚钱"的需求。软件产品也是如此，初级套餐、中级套餐、高级套餐，不同的等级满足不同用户的需求，通过规划用户权益来满足用户更高级的需求，提升客户份额。

3. 范围维度

在维持顾客、提高份额的同时，企业也主张培养更忠诚的顾客，产生口碑效益。通过口碑效益带来客户背后更大范围的潜在客户的转化，实现客户终身价值的再次提高。

所谓口碑效益，是在市场有效和信息充分流动的情况下，用户通过传播自己对企业的满意度和消费经验的感受，影响企业当前客户的后续购买模式和潜在客户的未来购买模式所产生的一种连锁反应。要想提升口碑效益，有如下几种方法可供参考。

第一种是正确选择制造口碑效益的目标群体。口碑传播的关键是找到"意见领袖"，其能经常性地影响别人的态度与行为，常常被认为是某类群体关系的轴心。比如宝妈群体就是一种意见领袖的代表。

第二种是提高售后服务质量。售后服务质量的好坏，直接影响客户是否做出下一次购买的决定，间接影响客户的口碑传播，因此良好的售后服务是赢得用户口碑的重要途径之一。

第三种是扩散品牌价值。用户喜欢"有血有肉"的品牌，企业为自己的品牌写一个生动有趣的故事，通过故事给品牌形象加上一圈美丽的光环，借助故事将品牌广泛传播出去，让品牌在消费者心目中的美誉度直线上升，也就是企业催生品牌，品牌产生故事，故事又通过用户口碑传播成全企业。

营销学家唐·佩珀斯和马莎·罗杰斯所著的《一对一企业》中提到，企业和单个客户的关系时间增加，单个客户的收益以及边际收益也是递增的。换句话说，提高客户终身价值意味着企业能赚更多的钱，主要体现在以下几个方面。

1. 从关注"流量"到关注"留量"

这一点很容易理解，它意味着企业的战略从"多来客"转变为"多留客"，俗话说"不做一次性生意"也是这个道理。有些行业的客户首次销售价值和客户终身价值差距很大，比如 SaaS 行业或珠宝销售行业。大部分珠宝店的新客户在第一次购买时只会购买价值很低的产品，若买完觉得不错，才会慢慢购买更多的产品。

美国的一家比萨店每增加一位新客户，老板都会高兴地说："又赚5000美元。"他给员工设定了三条原则，第一条是顾客是对的，第二条是顾客是对的，第三条还是顾客是对的。在这个案例中，老板清晰地认识到客户的终身价值，才会将关注点从流量转为留量。

2. 对营销政策有重要影响

关注客户终身价值是企业做营销时的重要参考指标。

客户终身价值是营销活动中最常见的杠杆。以下是几家公司的客户终身价值数据：北欧航空，每位客户 20 年的价值是 48 万美元；凯迪拉克，每位客户 30 年的价值是 33.2 万美元；万宝路，每位客户 30 年的价值是 2.5 万美元；可口可乐，每位客户 50 年的价值是 1.1 万美元。

这些品牌不断地在各大渠道做营销是因为它们的客户终身价值高，能够支撑它们的营销投入。我们常见的充值话费运营商送手机的活动、办信用卡送礼品活动以及滴滴和美团新用户的大额红包补贴活动，正是看重客户的终身价值，从长远考虑，力求锁定客户未来 N 年的价值。

以下是一个将客户终身价值最大化发挥的营销案例——美国主机商 IXWebHosting 的案例。

美国主机这个行业的竞争非常激烈，各大主机提供商主要是利用联署营销的方式做推广，联署营销的方式就是为分销者提供佣金。

IXWebHosting 这家美国主机提供商有一款热卖产品，不但提供无限流量、无线空间，还另外赠送 15 个独立 IP、3 个国际域名，此外，还赠送一百多美元的 Google Adwords 广告优惠券等。不仅如此，这款产品的价格还非常低，一年只需要 95.4 美元，然而在竞争激烈的美国主机市场，以上并未成为这款产品热卖的主要原因。

真正让这款产品热销的原因是 IXWebHosting 为分销者提供了 95 美元的分销佣金，几乎将第一年所有的销售收入都分给了分销商！

为什么要做这看似赔钱的推广呢？

如果从第一年来看，IXWebHosting 确实赔钱，但是大部分购买主机的用户都是长期客户，会不停地产生续费收益，所以从客户终身价值上来看这种推广是非常赚钱的。

用客户终身价值做杠杆营销的另一个案例——一家销售定制白酒的企业的案例。

白酒企业在各大渠道通过投放广告、赠送礼品的方式获取新客,新客首次成交的金额平均为600元,然而,单个客户的平均获客成本达800元。

如果看单次交易,毫无疑问,这家企业是亏本的,但为什么还要这样做呢?看看以下几组数据你就明白了。

全年人均消费6万元以上;年均消费超过100万元的客户达100人以上;白酒行业的客户流失周期超过5年。

从以上数据可以看出,在5年的用户周期内,平均每位客户的终身价值达30万元以上,高质量客户的终身价值达500万元以上。这时候再看用于获客的这800元支出,是不是显得微不足道?

3. 通过用户分层,降低费用并增加收益

通过仔细分析客户终身价值就会发现,根据人群不同,客户价值的高低有所差异。有些客户的终身价值很高,大大覆盖了企业在其身上投入的费用和成本;有些客户终身价值很低,低于企业保留这部分客户投入的费用和成本。通过这种方式可以精细化地将客户分为高价值用户、潜在高价值用户以及低价值用户,前两者值得企业投入更多费用来营销和维护,对于低价值用户,企业则应该选择放弃。企业要把主要精力放在高价值用户和潜在高价值用户身上,使其产出更高的价值。

以下是两个通过用户分层降低费用、增加收益的案例。

第一个案例是美国的一家超市对店里15000名顾客的年消费数据做了统计,最终发现其中五分之一的客户的消费总额占了整个超市收入总额的74%;还有五分之一的客户的消费总额只占到了营收总额的1%。如果单独计算后面这组客户的终身价值,只有 –57 美元。超市从这群人身上获取的利润是负的,所以该超市放弃了这部分人群,转而投入更多的精力和资源去维护剩下的高价值用户和潜在高价值用户，结果最终的收益反而比之前更高，利润值也提升了很多。

第二个案例是在美国的一家经营邮购业务的公司为了节省支出，准备放弃一些未来价值不高的顾客。运营部门根据单次交易收益和重复交易次数，将顾客划分为四个类别，分别是黄金顾客、流量顾客、小溪顾客和负担顾客，具体如下。

黄金顾客。愿意与企业建立长期的互利互惠关系，每次交易都能为企业带来收益。

流量顾客。喜欢不断尝试新的选择，并不总与该企业交易，但每次交易都能为企业带来一定的收益。

小溪顾客。愿意与企业建立长期的业务关系，但每次交易都只能为企业带来较小的收益。

负担顾客。时常在众多企业中进行比较选择，只在企业为吸引顾客将价格压到极低甚至负收益时才会与企业交易。

有了以上对顾客的分类，很容易就能选出哪种是负担顾客。

通过用户分层，可以帮助企业判断客户是否有价值，从而发现更有价值的客户。那么，如何判断客户是否有价值？一般会通过交易性数据来判定，比如这个客户一年内在企业购买了多少钱的产品。这种判断方式准不准确呢？答案是不一定准确，因为这种方式忽略了一个重要因素：对这个客户投入的成本。

有的客户花钱多，但是从客户服务角度来看，他们的要求更高，企业为了满足他们的需求花费了更多，降低了盈利能力。

所以，企业应该正确认识客户，有的客户也许比你认为的更有价值。

4.开发单次客户消费后潜藏的更多价值

据统计,有44%的企业非常注重获取新客户,有18%的企业更注重维护老客户。然而,我们通过大量的数据和事实发现,维护老客户的成本是获取新客户成本的五分之一。换句话讲,投入同样的营销成本,老客户产生的价值是新客户的5倍。因此,如果能在留住老客户上投入更多,我们就可以领先82%的企业,从而获取更丰厚的利润。

5.间接贡献收益

客户终身价值越高,代表客户的忠诚度越高,除了他们自身贡献的价值,口碑效益也会给企业带来更多的客户,同时也减少了企业的拓客营销费用。一份针对7000名消费者的调查报告表明,有60%的被调查者认为他们在购买产品时会受到家人或者朋友的影响。口碑效益不是通过直接购买为企业带来效益,而是企业通过忠实客户的口碑实现客户延伸,让客户身边的潜在客户变为准客户,扩大客户范围,提高企业收益。

高终身价值的客户很容易成为企业的关键意见消费者(KOC),他们的推荐会让更多的客户信任和购买。

生活中比较常见的两种KOC群体具体如下。

第一种是宝妈群体。有很多新手妈妈因为缺乏经验,急需一个比较有经验的宝妈分享自己的经验,这些比较有经验的宝妈所分享出来的东西往往会获得新手妈妈们的认可,这些人就是典型的KOC,能够带动大量的消费者去购买产品。

第二种是喜欢购买服饰、美妆的用户。他们常常会在朋友圈、微博里晒自己搭配的服饰、购买的美妆产品、测试的某款产品、种草的某个新品,等等,因为这类用户比较接地气且认识身边的朋友,所以往往引来很多有相同喜好的人留言或者私信咨询,通过该用户的推荐实现用户的引流转化。

一个高价值用户能够给企业带来的利润是无限的，所有企业都应该重视自己的高价值用户，更大限度地挖掘其价值，使其成为企业的忠实客户甚至 KOC。

如何计算和提升客户终身价值

关于 CLV 的计算，依据设定的变量多少，有很多种方法和模型，下面介绍两种常用的计算方式。

其一是简易版本，用这种方式能快速地预估一个客户能给企业带来的收入是多少。

客户终身价值 = 客户年均价值 × 平均客户寿命；

平均客户寿命 = 客户总寿命 ÷ 客户总数；

客户年均价值 = 平均购买价值 × 平均购买频率 × 毛利率；

平均购买价值 = 一段时间内（通常为一年）的总收入 ÷ 订单数量；

平均购买频率 = 购买数量 ÷ 客户数量。

以星巴克给出的数据为例，假设平均客户寿命是 20 年，客户年均价值为 1263.6 美元。最终，计算出的星巴克客户终身价值为：CLV = 1263.6 × 20 = 25272（美元）。

更为高级一点的计算方式会考虑到利润、折现率、顾客保留率及顾客获取成本，用这种方式能计算出一个客户给企业带来的价值。

$$CLV = \sum_{t=1} mr/(1+i)^t - AC$$

m（利润）= 客户贡献收入 — 保留客户成本；其中 r 代表保留率，i 代表折现率，t 代表时间，AC 代表用户获取成本。

先解释一下保留率和折现率。保留率是指第二年比第一年保留下的客户所占比率。折现率是指将未来的收益在今天提取所损失的比率。比如公司承诺 2 年后给你分红 20 万元现金，你想今年就取出，而公司今年只能给你 15 万元，另外的 5 万元需要这 15 万元作为本金在明年赚取收益，那么这中间的 5 万元价差就是支付的利息，支付的利息比率就是折现率。

了解这两个概念后，我们再通过一个公司的案例来掌握这个公式。

一家电商公司的初始获客成本是 5000 元，第一年到第四年客户创造收入分别为 8000/4500/5000/5200 元，假设折现率为 20%，这四年中保留客户的可能性分别为 0.9/0.8/0.6，为了保留住这些客户，公司四年分别花费 1000/1200/1300/1400 元的成本，计算这家电商公司的客户终身价值。

第一年客户贡献：$[(8000-1000) \times 0.9] \div (1+0.2) = 5250$（元）；

第二年客户贡献：$[(4500-1200) \times 0.8] \div (1+0.2)^2 = 1833$（元）；

第三年客户贡献：$[(8000-1000) \times 0.9] \div (1+0.2)^3 = 1285$（元）；

第四年客户贡献：$[(8000-1000) \times 0.9] \div (1+0.2)^4 = 550$（元）；

四年汇总客户贡献为：5250+1833+1285+550=8918（元）；

客户终身价值：CLV=8918−5000=3918（元）。

那么，企业如何选择适合自己的计算方式呢？

计算客户终身价值是为了关注私域中企业的盈利来源，与企业的盈利能力成正相关的指标是企业毛利润。企业的毛利润计算方式很简单，即毛利润 = 销售额 − 产品成本。

然而，在如今这个流量时代，企业的毛利润计算方式发生了巨大的变化，除产品成本之外，获客成本、运营成本都与毛利润正相关。所以，以上两种计算方式并不冲突。

在简易计算方式中，企业毛利润 = 客户终身价值 − 客户获取成本 − 客户运营成本。而在数据完善的高级计算方式中，已经考虑到了获客成本以及运营成本，所以，企业毛利润 = 客户终身价值。

综上所述，在数据较少时可以用简易版，在数据统计足够时可以用高级版，大家可根据实际情况选择。

国内某内衣品牌对自身私域会员与非会员的消费情况做了一次全面的数据分析，其中有很多细节可以供我们学习和参考。

先讲讲基本情况。2021年，该品牌的交易用户中有68.03%来自非会员用户，有32.97%来自会员用户。其中，25.63%是初级会员，6.28%是中级会员，0.06%是高级会员。

在2021年5.19亿元的交易额中，非会员占比37.17%，会员占比62.83%；其中，初级会员是38.69%，中级会员是23.07%，高级会员是1.07%。

从基本情况中就能看出，这家品牌六成以上的营业收入贡献来自私域会员，接着再对客户的年度贡献进行统计，具体情况如下。

非会员人数是161.5万，总贡献金额为19291万元，人均年度贡献值为119元。

初级会员人数是60.8万，总贡献金额为20083万元，人均年度贡献值为330元。

中级会员人数是14.9万，总贡献金额为11973万元，人均年度贡献值为802元。

高级会员人数是0.14万，总贡献金额为556万元，人均年度贡献值为3968元。

从以上数据可以看出，从非会员到高级会员人均年度贡献值成倍数上升，从119元到3968元，有超过33倍的差距。

最后，该企业对客单价以及消费频次也做了统计，得出的数据如下。

非会员的客单价为119元，消费频次只有1次。

初级会员的客单价为223元，消费频次有1.4次。

中级会员的客单价为 257 元，消费频次有 3.1 次。

高级会员的客单价为 298 元，消费频次有 14.4 次。

可以看出在私域体系下对高价值老客户的维护，对于客单价和消费频次的提升是很有帮助的。

以上案例也印证了，提升客户终身价值才是靠私域盈利的企业应该走的关键道路。

而客户终身价值的提升需要从各个方面进行，常常表现在促活和裂变这两个动作上。

促活的主要阵地在社群，运营人员可以通过对社群游戏化、栏目化的运营来达到目的。我们先从社群游戏化运营说起。游戏化是通过互动游戏的形式让用户参与到营销中来，培养用户通过自己付出劳动来换取成果的优越感。

常见的游戏类型具体如下。

一、红包游戏

红包游戏是最为普遍的玩法，能衍生出不同的游戏种类，但是其底层的核心逻辑不变，就是让用户关注社群，参与到游戏中，养成习惯，如图4-1所示。常见的红包玩法如下。

图4-1　社群红包游戏

1.逢6和8有奖

游戏规则：群主发一个红包，抢到的红包尾数是6或者8的人能领取奖品。

2.拼手速奖

游戏规则：群主发一个红包，第一个抢到红包的人即可获得奖品，可以多发几轮。

3.最佳或者最差手气奖

游戏规则：群主发一个红包，抢到红包金额最大或最小的人即可获得奖品，可以多发几轮。

4.排名奖

游戏规则：群主发一个红包，发红包之前讲好规则，第3、6、9名抢到的人可获得奖品。

5.幸运王

游戏规则：群主发多个金额为1的红包，凡抢到名称为幸运儿X（X为名词）的人，即成为中奖的幸运儿。

二、扔骰子

扔骰子是一种纯凭运气的游戏，社群成员通过扔骰子筛选出获奖名单，常见的玩法有以下几种。

（1）群主发出挑战，社群内谁先扔出数字"×"，谁就能获得奖品，可以发起多轮游戏，如图4-2所示。

（2）让用户先报数，然后群主再扔骰子，猜中的成员获得奖品，如果猜中的成员很多，可以进行第二轮筛选。

（3）群主扔一次骰子，然后用户扔，和群主扔一样点数的用户获奖，如果获奖用户多，也可以进行第二轮筛选。

图4-2 社群扔骰子游戏

三、问与答

问与答也是一种常用的玩法，可以是猜成语、脑筋急转弯、专场猜谜语等，下面介绍几种常用的套路。

1. 猜成语

游戏规则。群主发出一段与成语故事相关的典故，用户猜是哪个成语，第一个猜中的用户获得胜利。还能衍生一下，比如以看图的方式、听语音的方式以及最近最火的emoji表情猜成语的方式。

2. 脑筋急转弯

游戏规则。群主准备一些脑筋急转弯题目，用户只要猜中就中奖。

3. 猜谜语

游戏规则。群主准备一些谜语，用户只要猜中就中奖，谜语的类型很多，还能准备一些与企业相关的问题让用户猜，如图4-3所示。

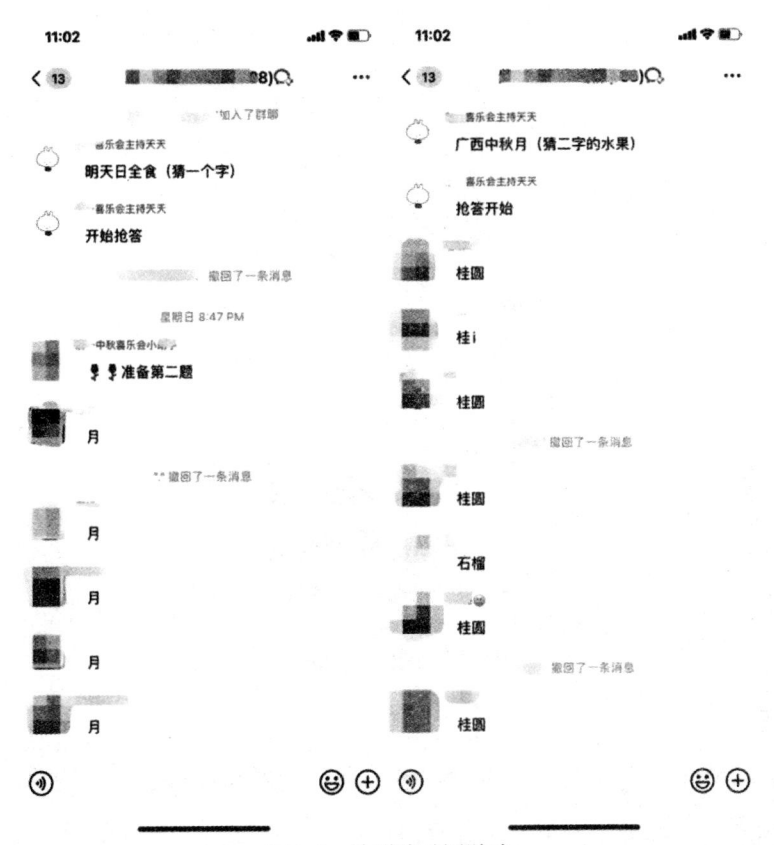

图4-3 社群猜谜语游戏

问与答需要运营人员提前搜集素材，建立与客户互动的话题库，这样才能大大提高运营效率。

四、扎气球

游戏规则。群主发出多个带编号的气球，每个气球后面隐藏着对应的奖品，群成员按照自己的喜好挑选出自己最喜欢的气球，每人只有一次选择的机会，选好之后由群主公布奖品信息，如图4-4所示。

这种玩法最早来自线下的拆红包，后来在微博上被广泛应用，现在也在社群内流行，与之相似的一些玩法有扔飞镖、大转盘等。

图4-4　社群扎气球游戏

五、K歌

K歌的玩法也有很多，群主唱歌，用户猜歌名、猜歌手；用户放歌，群主猜歌名、猜歌手；群主放前半段，用户接后半段；群主说某个词，用户需唱出带有群主提到的词的某句歌词，如图4-5所示。

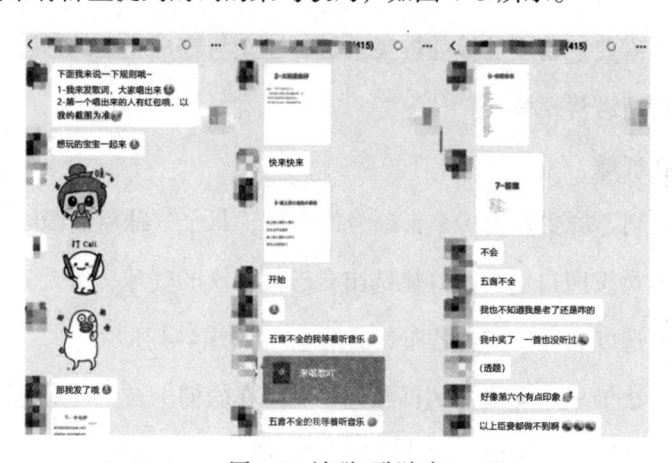

图4-5　社群K歌游戏

六、邀请有礼

邀请有礼是指邀请 X 个好友进群得优惠券、红包或者奖品。邀请有礼适合在社群人数不多的时候或者需要做社群裂变的时候进行，只要设置好奖品，很快就能让 200 个人进群，如图 4-6 所示。

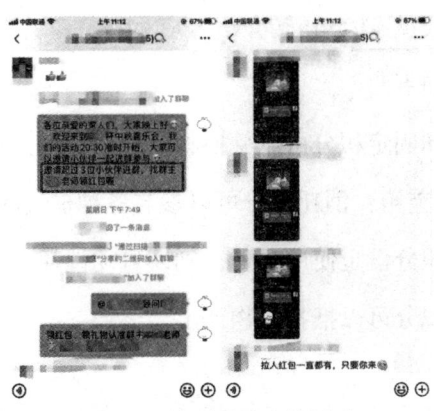

图4-6　社群邀请有礼活动

七、社群积分

社群积分是非常经典而又实用的玩法，这种玩法需要工具的加持。社群积分的主要操作方式是设定任务与分值，群成员只要参与任务就能得到积分，不同数量的积分可以兑换不同的奖品，如图 4-7 所示。

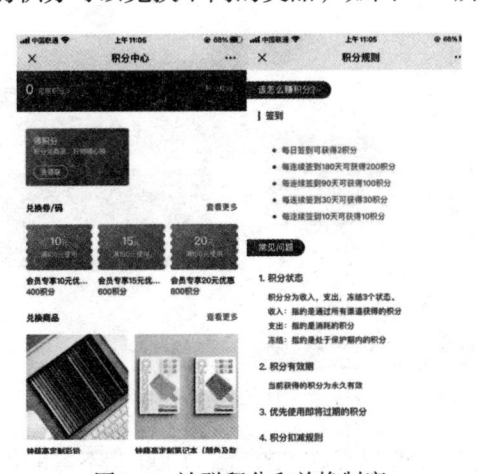

图4-7　社群积分和兑换制度

积分获取规则如下。

签到类：每天签到+20；每天发言+20。

参与类：参与群内话题讨论+40；分享优质内容+50；参与群内活动+50。

消费类：会员购物+80；会员发红包+80。

贡献类：拉新成员+100；转介绍客户+100。

积分消耗规则如下。

福利兑换：达到固定积分可以兑换相应的商品和福利。

抽奖/夺宝/开宝箱：消耗积分可以参与各种抽奖活动。

积分时限：给积分设定使用时限，到期自动消耗。

积分加钱购：积分可以抵扣购物支出。

八、拼手气

拼手气是红包游戏的一种衍生游戏，和红包游戏不同的是，拼手气不用群主发钱，而是通过小程序发送拼手气红包，这样有两个好处，一是能发更大的金额同时又能为企业省钱，二是能促使客户进店消费，如图4-8所示。

图4-8　社群拼手气红包

比如，群主可以在群里发送500元、1000元不等的拼手气红包，用户抢到这种红包是不能提现的，但可以充值到会员卡，用来购买店内的任意产品。

九、接龙免单

在新品发售、快闪群、团购群做活动时，为了能更加刺激用户下单，企业常常会搭配群接龙抽免单的活动。比如，购买产品后群成员在群里接龙，在活动结束时随机抽取 1 个免单名额。而免单名额的数量可以根据参与的人数进行调整，比如，每满 20 人增加 1 个免单名额。这样通过接龙制造很多人在购买的氛围，促使围观客户下单，如图 4-9 所示。

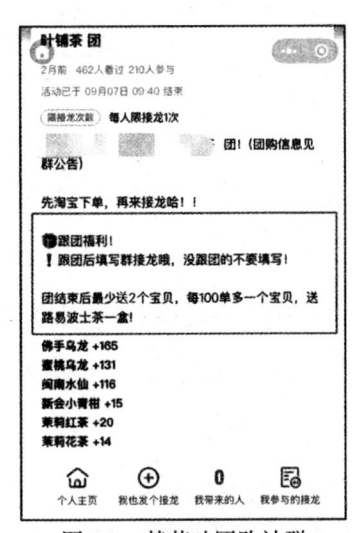

图4-9 某茶叶团购社群

十、晒单有礼

在群内发截图或者晒单领取奖品。比如，"周大福"经常在自己的社群进行抽奖，用户晒单后找群助理进行登记，即可成功参加抽奖活动；实体店或者电商的做法是在客户晒单后赠送现金红包、礼品或消费券，如果是实物礼品可以让客户上门领取或者在客户下次下单时附赠，如图 4-10 所示。

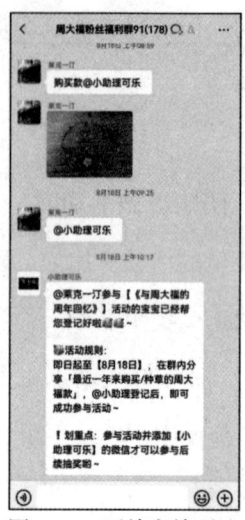

图4-10 晒单有礼玩法

十一、进店打卡

进店打卡需要有工具配合才能轻松顺利地进行。可以为设置群成员进店之后扫二维码或者拍照片发群里打卡，当积累足够的打卡次数时可以兑换相应的奖品。比如，健身房常用的套路是用户一个月进店12次，每次待够1个小时，办健身卡优惠；餐饮店是顾客一个月进店12次，每次扫码打卡，满12次后赠送120元现金券，如图4-11所示。

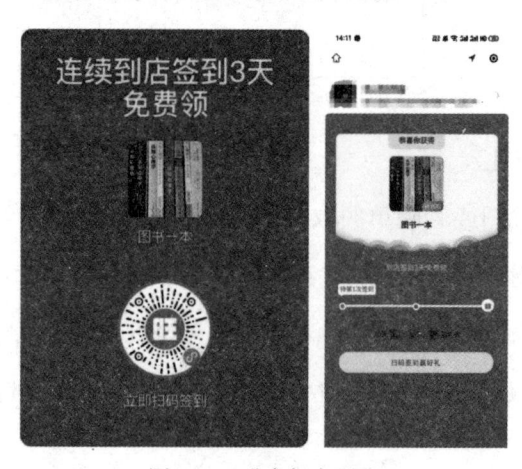

图4-11 进店打卡玩法

以上是常见的社群游戏化运营方法。接下来，分享一下社群栏目化运营的套路。

所谓栏目化运营，就是把社群运营当作内容运营一样，通过划分多个板块，再为每个板块填充对应的内容，达到有价值的内容输出和激活用户更高价值的目的。

做栏目化运营的首要步骤是社群分层。因为用户的认知不同，他们的爱好、兴趣以及关注点不同，所以把所有用户放在同一个社群里既无法产生共同的话题，也难以产生共同的兴趣，因此我们可以将社群分为四个层次：活动群、福利群、会员群及高级会员群。

下一个步骤是为每一种社群设置专属的栏目化运营方向。

活动群一般是通过砍价、抽奖、扫码进群领礼物等裂变的方式建立的群。这些群的用户可能是品牌的老用户也可能是第一次接触品牌的用户，因为这类群成员对品牌的感知度不高，很难直接产生高质量的变现，所以活动群也会慢慢变成广告群，活动群栏目化运营的核心是不断发送升级福利群的话术及活动。

福利群是通过运营动作（比如专属的拼团活动、抢购活动、接龙活动等），将活动群中质量高的用户筛选出来而形成的群。福利群的规律化动作和活动群有所不同，它以给用户提供的各种福利为主，例如从早上到晚上，周一到周末，在哪个时间段享受什么样的福利，都清清楚楚地告知用户。

会员群和高级会员群属于付费的用户，对于这些用户要用标准化的手段来运营，才能保证社群内容的有效输出。常见的栏目有信息资讯推送、社群分享、用户会诊、活动策划以及栏目精选等。

以下是某学习型会员社群的运营时间安排，分为强运营日和弱运营日。

强运营日：

早上 10 点——发布行业资讯或者运营干货，每天随机发布。

早上 10 点——发布群公告，公布当天重要的内容，比如学习资料、打卡链接、作业情况等（因为是学习型社群，为了避免多次对成员造成打扰，将通知和资讯放在了同一时间）。

中午 12 点——公布前一天的学习情况、数据、学习标兵、奖励等，同步历史内容精选等。

晚上 7 点 /7 点半——预告，比如直播倒计时、重要嘉宾出场、新品发布会倒计时。

晚上 8 点——正式举办活动，如开启直播、嘉宾出场等。

晚上 9 点——学习内容简要总结，提醒完成课后作业，集中解答学习疑惑环节等。

晚上 10 点半 /11 点——如果群内过分活跃，可引导大家休息。

弱运营日：

早上 10 点——发布行业资讯或者运营干货，每天随机发布。

早上 10 点——提醒作业打卡，以及学习预告。

中午 12 点——同步历史内容精选等。

晚上 9 点——集中解答学习疑惑环节等。

行业不同，社群的栏目化也不同，但其目的是一样的，都是利用不同板块与客户建立不同的连接，增进感情，延长客户的生命周期，提升客户的终身价值。

接下来讲讲私域的裂变动作。

笔者在前文中也讲过什么是裂变，裂变的底层逻辑是用户在参与品牌传播的过程中，通过分享带来 N 个用户，这些用户又带来更多新用户，如此循环下去，达到用户的快速增长。

那裂变应该什么时候做，怎么做才能达到目标呢？

想要成功裂变，选品非常重要。具备成功裂变基因的产品通常包含三个特征：社交属性强、本身具有炒作点、执行成本低。除了选品，成功裂变还需要具备三个基本的要素，即存量用户、福利刺激以及分享趣味。在裂变起盘时应先根据这三个要素进行自查，看看能否满足条件。

存量用户可以看作裂变起盘的初始流量。这些流量一般是指保存在整个微信生态中的用户，如个微、企微、社群、公众号等。

福利刺激包含两个点，即用户动机和创意设计。

用户动机是指促使用户参与的初始驱动力，它有三个关键因子：建立信任，降低用户风险；设置钩子，戳中用户痛点；催化剂，激励用户参与。

创意设计是指活动要根据用户吸引力法则来设计对外呈现的风格类型，告诉用户有哪些噱头、有哪些趣味、有哪些玩法……

分享趣味要有参与机制，参与机制要设置得简单且有足够灵活的操作性，在用户活动路径上，要力求路径短、少、优，确保及时给予用户正反馈，特别是在做分销裂变时，及时的利益分配很关键。

裂变的玩法有很多，按照模型划分常见的裂变玩法可以分为助力类、互利类、集卡类、分销类、邀请类和特惠类。

助力类裂变的逻辑是单向获利，其遵循的是一种利己原则，具体玩法有砍价、点赞、求助、领红包等。

砍价玩法是用户邀请好友帮忙砍价，从而免费领取或者低价购买某样商品，如图 4-12 所示。

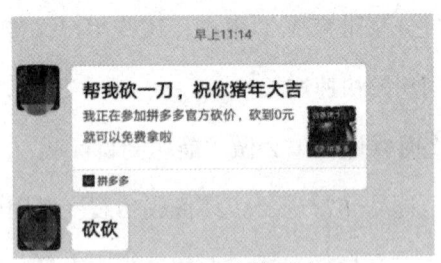

图4-12 砍价玩法

点赞玩法通常是以朋友圈晒图集赞或者投票的形式，如图4-13所示。

图4-13 点赞玩法

求助玩法主要是以帮忙抢票、帮忙助力为主，如图4-14所示。

图4-14 求助玩法

领红包玩法常见于新人成长任务完成后领取红包奖励中，如图4–15所示。

图4–15 领红包玩法

互利类裂变的逻辑是双向互利，其遵循的是一种利他原则，包括的玩法有分享出去各得一件产品或者转赠券等。

集卡裂变的逻辑是互动和娱乐，让用户参与到游戏中。如支付宝每年新年的集五福游戏、抽奖寻宝等，都是以这种逻辑，如图4–16所示。

图4–16 支付宝集五福玩法

分销裂变的逻辑是通过利益驱动用户进行分享，有一级分销和二级分销的区别。分销的模式多种多样，常见的有代理、推广、佣金、溯源等，如图4–17所示。

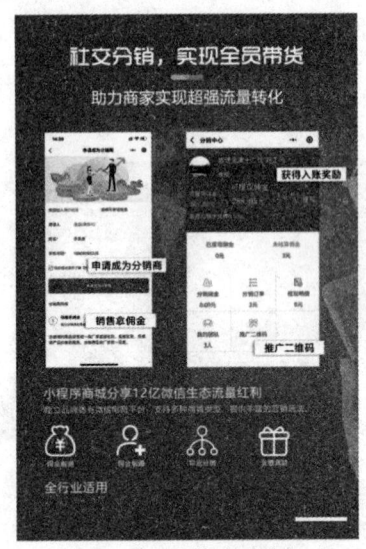

图4-17 分销玩法

邀请裂变的逻辑是拉新、邀请试用、邀请注册、邀请助力等，邀请的玩法需要配合奖励机制，如邀请好友注册得现金，或者邀请好友助力得奖品和红包等，如图4-18所示。

图4-18 邀请好友领红包玩法

特惠裂变的逻辑是以现金等价物的方式作为裂变的激励条件，如拼团、秒杀、抢购、接龙等。以拼团为例，衍生出的方式就有组队拼团、多人拼团、免单拼团、拼团全返等。

组队拼团同拼多多一样，即要想获得比原价更加实惠的价格，邀请自己的好友一起购买就能便宜。

多人拼团的玩法和组队拼团不同，多人拼团可以设置为参与的人数越多，价格越低，比如商品原价为1299元，每增加10个人拼团减100元，最低可以减到99元。

免单拼团也是常见的一种玩法，可以是几人拼团一人免单，这种玩法经常被应用在教培、健身、瑜伽、美容等行业的老带新活动中。

拼团全返是一种小众但效果很好的玩法，拼团完成之后企业将消费的钱全部返给消费者，这里值得注意的是，返给消费者的并不是现金，而是等值的消费券，因此这种玩法不仅裂变了客户，还能让用户持续不停地复购，可谓一举多得，如图4-19所示。

图4-19 拼团玩法

● 超级私域——建立忠诚而持久的用户关系

案例：一个开在巷子里的轻食店，如何通过裂变锁定了1000人

背景信息：

店主是一位37岁的离异母亲，独自带着孩子，去年12月她开了一家轻食店以维持生计，因为初始资金不够，她选择以做私房菜的形式，故店也选择开在了较为偏僻的地点，房租、物业费合计不超过1500元/月。

店主按照传统的模式经营了3个月，生意只能算是过得去，总共办了60个会员，人均充值为300元，加了500个潜在客户，今年3月因为某些原因关店了大半个月，再次开门营业时，就没什么客户上门了。在更深入的沟通中，笔者发现该店主有两个做得很好的地方。

其一是客户管理非常仔细。客户备注写得很清晰，如姓名、职业、年龄、充值金额、月消费水平等，都能清晰地查询到。

其二是朋友圈的运营非常精细。店主坚持每天5条以上的朋友圈日更，内容图文并茂，而且毫无广告感，营造了一种生活化的氛围感。

方案制订：

有了以上两个优势作为基础，笔者为店主设计了一整套社群裂变活动方案。

第一拨活动：设计一张引流卡，即"9.9元轻友卡"，目的是锁定回头客10次以上。此卡享受的基本权益有四种，具体如图4-20所示。

一是果蔬汁季卡。10瓶果蔬汁，每周限领一瓶。

二是全年特权卡。支付1元购买价值18元的果蔬汁，支付9.9元购买价值16元的土豆泥三明治。

三是麦饭石不粘锅1个。厂家限量赞助。

四是特殊权益。介绍3个人办卡，即可得价值78元的靠枕一个。

图4-20　轻友卡四大权益

因为9.9元轻友卡的价格很低，客户还能享受如此多的权益，更有转发福利的刺激，活动当天就有超过200个人购买，最终9.9元轻友卡卖出了864张。

看到第一拨活动的效果如此之好，店主趁热打铁，如法炮制了第二拨裂变活动，49.9元抢价值1334元的轻粉卡，此卡享受的基本权益有以下四项，具体如图4-21所示。

一是50元无门槛现金抵用券。

二是芒果养乐多2瓶，价值36元，每次限领1瓶。

三是果冻包一个，价值58元，到店领取。

四是享受省钱特权，获得全年以1元购买芒果养乐多的资格、全年以9.9元购买爆款三明治的资格。

同时，还有一个特殊权益：推荐3名朋友办卡，赠送价值328元的榨汁机一台。

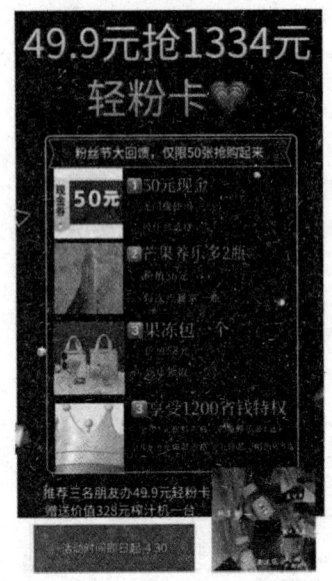

图4-21 轻粉卡四大权益和裂变权益

得益于第一拨会员基数，店主通过第二拨活动轻轻松松地卖出了600多张卡，回款2.5万元。

前两拨的裂变方式都采用邀请任务制，店主决定在第三拨活动时用上分销裂变，于是笔者为她设计了一个轻食店合伙人的计划，具体如图4-22所示。

图4-22 轻食合伙人权益

充值520元，成为轻食店合伙人，享受合伙人权益。

一是卡内含660元无门槛现金抵用券。

二是送52张9.9元轻友卡，供合伙人销售。

三是通过合伙人销售而来消费的客户，其后续消费额的20%属于合伙人，合伙人自己消费时享受8折优惠。

四是前10名完成50张轻友卡销售的合伙人，获得共同出资开直营新店的资格，免费学技术，免费吃轻食。

这家店通过实施一系列的裂变方案，实现了真正的逆袭，用店主自己的话说，离婚时感觉自己的天都塌了，现在虽然苦点儿累点儿，但是有方向，有希望，感受着客户的认可，看着得到的好评，真的是无比开心。

最后，要想裂变成功，不是一定要用到什么软件、系统，关键是要做到简单、高效，给用户提供方便。在做轻食店时，店主用了最传统的微信私聊、朋友圈、群聊，甚至连小程序都没用上，却达到了很好的效果。还是那句话，如无必要，勿增实体，福利、流程、文案这三者才是裂变过程中企业最应该关注的。

第二节 案例：一场剧本式发售活动，引流2800多桌

重庆鱼司机的企业运营技巧，提高工作效率

拥有一家创办了四年的餐饮品牌店，笔者亲身经历了盛况、低谷以及市场逐渐复苏的整个过程，对于做好用户运营、维护好粉丝与品牌关系的

重要性深有体会，可以说，品牌能够顺利度过寒冬离不开品牌强大的粉丝基础，留量的重要性不言而喻。

所以，笔者一直在强调：私域运营、用户运营是企业的"一把手工程"。

深挖一下，为什么商家获客成本高昂，生意难做？

问题的背后就是流量红利的消退，早期互联网的流量红利让一些平台迅速崛起，例如淘宝、京东、今日头条等。于是，这些平台通过内容和运营手段不断地抢占互联网流量，有了日活和月活的概念，这些平台上的流量就是所谓的公域流量。

中国网民数量超过10亿，并不断趋近中国人口总数，这意味着互联网上的公域流量逐渐饱和，但竞争企业还在不断增加，流量获取成本自然也水涨船高。

换句话说，线上线下企业再次陷入红海竞争。于是私域流量逐渐兴起，它不是一个简单的现象，而是意味着在移动互联网时代，企业经营理念发生了改变：企业开始从流量思维转向用户思维。这一转变将会影响企业的生死存亡，所以私域流量运营也可以视作用户运营。

以笔者自身为例。

一开始笔者的公司只拥有两家直营店，各部门还在搭建中，门店的运营流程、产品结构、前厅及后厨的管理、总仓配送、供应链、财务模型、市场营销模型都还在不断优化中，而笔者作为公司的股东之一，主要负责门店的线上运营部分，垂直归类于用户运营板块。

起初，笔者并不清楚做好用户运营的作用有多大，当时门店每天的用户来源主要有三个：50%是老顾客、30%是老顾客推荐的用户、剩下的20%为门店自然选址带来的流量和美团、大众点评、抖音等线上渠道带来的顾客。

所以，当笔者接手线上运营后产生了一个念头：不能只让顾客找到门店，门店也要找得到顾客。

在过去的流量红利时代，生意好做的原因是企业偏重抢流量、要转化，但却不太重视用户运营管理。今天，获客成本逐步提高，新增流量降低，企业才意识到经营用户、维护老用户的重要性。

用户运营是企业在当下环境中找到的突破口，任何红利不会一直存在，如何在竞争中长久生存，才是企业应该思考的。在新的市场环境面前，企业不得不重新审视客户的价值，以前只是求转化，有人购买就行。现在还要考虑能不能让客户持续复购乃至裂变吸引新客户。

餐饮店花 30 元带来顾客 A，他购买了 100 元的产品，等于 A 贡献了 70 元的价值。如果不去维护，可能 A 就流失了，等于从成交到流失，A 只贡献了 70 元。

如果企业维护住与 A 的关系，比如吸引他关注公众号、进入微信群等。A 与企业经常有互动，有聊天，有活动，过了 6 个月 A 再次买了 100 元的产品。这样 A 总共创造了 170 元的价值，依此类推，如果 A 能第三次、第四次购买，就是在不断创造价值。

企业要做的就是保持跟 A 的连接，延长客户生命周期，因为获取 A 的成本是相对稳定的，而他每次购买都会是一种增值。如果能把维护 A 的方法复制到更多客户上，那企业即便不增加客户数量，也会获得翻倍的营收。

这就是关注"顾客终身价值"带给企业的业务增长空间。这个例子也能让人更加意识到用户运营和私域流量的重要性。在此笔者着重强调：不可能所有人都喜欢我们，但是希望喜欢我们的人更喜欢我们。

企业私域流量运营可以用三个典型的动词来形容，分别是加、聊、卖。

加是指用户愿意添加企业员工和品牌的个人微信或企业微信，建立私域连接。其背后对应的是加粉率、留存率、拉新转化率等关键指标。

聊是指在私域的环境下，日常互动环节中的所有动作都可以落实到一对一的"聊天"中来。其中，响应率、参与率、活跃率、分享率等指标都和这些动作紧密相关。

卖是指企业最关键的转化、复购、带货等效果。做私域的根本目的是取得实际转化效果，帮助企业获得营收成长。其对应的关键指标自然是转化率、复购率、客单价、转推荐率等。

从私域运营的角度看，"加"这个阶段自然最为重要，它意味着用户和企业关系的开始。同时，它代表企业要做好私域和公域之间的连接互通、在公域流量之中布下密集的运营触点、将泛流量转化为精准且亲密的私域用户等一系列工作。

从"加"这个阶段开始，品牌必然要做出相应的改变，比如现在的企业更关心"用户是通过哪个媒介或者看到哪种营销内容才加的粉""加粉后用户提供的个人信息数据"等细节问题，其背后则是从投放转变到关键数据分析、从精细化营销升级到运营管理能力的强化和改变等一系列调整动作。

在私域运营的前期，核心是做好顾客的添加、激活以及建立信任。

1. 标准化运营，提高工作效率

（1）搭建运营流程。通常需要三步走，一是获客。通过门店引流福利，将顾客引入门店客服微信运营端。二是沉淀。通过用餐后的回访，了解顾客的用餐体验，进行顾客区分、筛选并且做好顾客的标签备注。三是运营激活。做好日常的朋友圈内容发布、与顾客在朋友圈互动、微信在线服务、赠送福利、接受预订、处理顾客遗留问题等，加深顾客对门店的信任，从而为后续的复购、顾客推荐打好基础。

（2）微信顾客分类。这类运营方式有预定顾客、门店活动添加顾客、开票顾客、外卖顾客、建议/投诉顾客。

鱼司机微信顾客链接深度：沟通回复、认可、体验官。

（3）日常运营操作手册。

2.预订顾客

（1）微信好友预订见表4-1。

表4-1　微信好友预订流程

私信了解用餐情况和需求	人数、用餐时间、是否需要提前制作、其他特殊要求
确认预订信息，发送预订成功的消息模板	话术：尊敬的××，您好！您已成功预订×月×日×××店的×号桌，期待您的光临！ 温馨提示：停车场会员支持免费停车××小时，我们会为您预留座位到××:××，如果存在排队情况，且您在预定时间未到店的话，我们将会为您安排门店取号排队，希望您谅解。 地址：××××××× 恭候您的光临，门店电话：××××××××× "如需开发票，请您保留好结账小票，微信私信，我们将为您开具电子发票"
用餐前到店提醒	距预订时间还有20分钟时联系顾客询问进度，根据微信是否回复，提前10分钟电话联系顾客
用餐回访	发2元红包"感谢支持×××"。话术：今天用餐感觉怎样呀？欢迎提出建议哦
询问顾客是否愿意成为体验官	最近我店准备选一些体验官，每月会有福利派送、新菜上市体验、吃鱼秒杀福利、新店开业霸王餐等，如果您愿意参与，就跟我说，我这边记录一下，后续的福利都是直接送给您的，若您有任何需要也可以随时联系我

（2）美团预订见表4-2。

表4-2　美团预订流程

接收到美团预订后，第一时间致电用户确认预订信息，告知用餐后需要添加微信进行退款。10元预订+"添加微信"	预订3分钟内联系顾客，您好，我是爱琴海店的店长，刚刚我这边接到您的预订信息，我这边和您确认一下，您这边用餐后，我会将您这边交的10元订金退还给您，稍后预订信息我也通过微信发送给您，那我这边加您微信好友。
完善顾客微信信息	备注好名称、电话、用餐需求、用餐时间
打招呼语、确认预订信息，并且添加顾客微信，发送预订成功的消息模板	话术：尊敬的××，您好！您已成功预订×月×日×××店的×号桌，期待您的光临！ 温馨提示：停车场会员支持免费停车**小时，我们会为您预留座位到××：××，如果存在排队情况，且您在预定时间未到店的话，我们将会为您安排门店取号排队，希望您谅解。 地址：××××××××× 恭候您的光临，门店电话：××××××××××× "如需开发票，请您保留好结账小票，微信私信，我们将为您开具电子发票"
更改用户微信备注	将顾客备注改为"××先生或者女士，订金10元未退"，并且置顶，留存顾客信息，填写到订餐本
用餐前到店提醒	距预订时间还有20分钟时微信联系顾客询问是否过来，根据微信是否回复，提前10分钟电话联系顾客
用餐回访	取消顾客微信聊天框置顶，退还10元订金，询问今天菜品的口味怎样，欢迎提出建议。告知顾客自己的名字及联系方式，如果有任何需要可以随时联系。
询问顾客是否愿意成为体验官	最近我店准备选一些体验官，每月会有福利派送、新菜上市体验、吃鱼秒杀福利、新店开业霸王餐等，如果您愿意参与，就跟我说，我这边记录一下，后续的福利都是直接送给您的，若您有任何需要也可以随时联系我

（3）电话预订见表4-3。

表4-3　电话预订流程

接电话的标准话术	
打招呼语、和预订顾客确认订餐信息（用餐时间、人数、有什么特殊注意事项）	好的，我这边已经帮您记录好了，稍后我添加您的微信，将预订信息发给您。备注好名称、电话、用餐需求、用餐时间

续表

添加顾客微信，发送预订成功的消息模板	话术：尊敬的××，您好！您已成功预订×月×日×××店的×号桌，期待您的光临！ 温馨提示：停车场会员支持免费停车××小时，我们会为您预留座位到××：××，如果存在排队情况，且您在预定时间未到店的话，我们将会为您安排门店取号排队，希望您谅解。 地址：×××××××× 恭候您的光临，门店电话：×××××××××× "如需开发票，请您保留好结账小票，微信私信，我们将为您开具电子发票"
如果遇到不愿意添加微信的用户，可以发短信告知对方	
用餐回访	发2元红包+今天用餐感觉怎样呀？欢迎提出建议哦
询问顾客是否愿意成为体验官	最近我店准备选一些体验官，每月会有福利派送、新菜上市体验、吃鱼秒杀福利、新店开业霸王餐等，如果您愿意参与，就跟我说，我这边记录一下，后续的福利都是直接送给您的，若您有任何需要也可以随时联系我

（4）门店预订见表4-4。

表4-4 门店预订流程

当面确定预订位置和信息	用餐时间、人数、有什么特殊注意事项
添加微信，打招呼语	备注好名称、电话、用餐需求、用餐时间
确认预订信息，发送预订成功的消息模板	话术：尊敬的××，您好！您已成功预订×月×日×××店的×号桌，期待您的光临！ 温馨提示：停车场会员支持免费停车××小时，我们会为您预留座位到××：××，如果存在排队情况，且您在预定时间未到店的话，我们将会为您安排门店取号排队，希望您谅解。 地址：×××××××× 恭候您的光临，门店电话：×××××××××× "如需开发票，请您保留好结账小票，微信私信，我们将为您开具电子发票"
用餐前到店提醒	您好，您这边已经过来了吗？
用餐回访	发2元红包"感谢支持×××"。话术：今天用餐感觉怎样呀？欢迎提出建议哦
询问顾客是否愿意成为体验官	最近我店准备选一些体验官，每月会有福利派送、新菜上市体验、吃鱼秒杀福利、新店开业霸王餐等，如果您愿意参与，就跟我说，我这边记录一下，后续的福利都是直接送给您的，若您有任何需要也可以随时联系我

3.门店活动添加顾客（见表4-5）

表4-5　门店活动添加顾客流程

通过门店引流福利"小油条、儿童餐、菜品、饮品"引导顾客添加微信，并且发送打招呼语	
修改标签及备注	打标签"门店堂食顾客""**活动顾客"
用餐回访	发2元红包"感谢支持***"。话术：今天用餐感觉怎样呀？欢迎提出建议哦
询问顾客是否愿意成为体验官	最近我店准备选一些体验官，每月会有福利派送、新菜上市体验、吃鱼秒杀福利、新店开业霸王餐等，如果你愿意参与，就跟我说，我这边记录一下，后续的福利都是直接送给您的，若您有任何需要也可以随时联系我

4.开票顾客（见表4-6）

表4-6　开票顾客流程

	添加好友，发送打招呼语
修改标签及备注	打标签"开票顾客"
了解顾客需求	预留电话或者邮箱/直接开票后拍照发给顾客
用餐回访	"感谢支持"。话术：今天用餐感觉怎样呀？欢迎提出建议哦
询问顾客是否愿意成为体验官	最近我店准备选一些体验官，每月会有福利派送、新菜上市体验、吃鱼秒杀福利、新店开业霸王餐等，如果你愿意参与，就跟我说，我这边记录一下，后续的福利都是直接送给您的，若您有任何需要也可以随时联系我

5.外卖顾客（见表4-7）

表4-7　外卖顾客流程

	告知顾客我们的外卖点餐平台有"美团""自营外卖"	
微信好友外卖	发送对应的外卖点餐链接	将各门店的点餐二维码、美团小程序发送给顾客
	下单后门店确认顾客订餐信息，安排门店开始出餐，并且在食材准备下锅时及时联系骑手	及时对接门店确认订单
	外卖出餐完毕，待骑手取货后，第一时间用微信联系顾客，告知出餐时间，请顾客耐心等候	微信告知顾客已经制作完成，正在配送外卖

续表

微信好友外卖	用餐回访	今天的外卖感觉怎样呀？欢迎提出建议
	询问顾客是否愿意成为体验官	最近我店准备选一些体验官，每月会有福利派送、新菜上市体验、吃鱼秒杀福利、新店开业霸王餐等，如果您愿意参与，就跟我说，我这边记录一下，后续的福利都是直接送给您的，若您有任何需要也可以随时联系我
微信群内咨询外卖	群内回复直接私聊	
	告知顾客我们的外卖点餐平台有"美团""饿了么""自营外卖"	
	发送对应的外卖点餐链接	将各门店的点餐二维码、美团小程序发送给顾客
	下单后确认顾客订餐信息，安排门店开始出餐，并且在食材准备下锅时及时联系骑手	及时对接门店确认订单并且制作
	外卖出餐完毕，待骑手取货后，第一时间用微信联系顾客，告知出餐时间，请顾客耐心等候	微信告知顾客已经制作完成，正在配送外卖
	用餐回访	今天的外卖感觉怎样呀？欢迎多多提出建议
	询问顾客是否愿意成为体验官	最近我店准备选一些体验官，每月会有福利派送、新菜上市体验、吃鱼秒杀福利、新店开业霸王餐等，如果您愿意参与，就跟我说，我这边记录一下，后续的福利都是直接送给您的，若您有任何需要也可以随时联系我
美团订餐外卖	下单后电话联系顾客，确认订餐信息	
	安排门店开始出餐，并且在食材准备下锅时及时联系骑手	及时对接门店确认订单并且开始制作
	外卖出餐完毕，待骑手取货后，第一时间用微信联系顾客，告知出餐时间，请顾客耐心等候	在美团后台联系顾客，告知顾客已经制作完成，正在配送外卖

续表

美团订餐外卖	用餐回访	在美团后台联系顾客，今天的外卖感觉怎样呀？欢迎提出建议并且告知顾客可以参加刮刮卡活动
	确认顾客是不是通过外卖刮刮卡添加的好友	
	打招呼	发送打招呼语
	询问顾客是否愿意成为体验官	最近我店准备选一些体验官，每月会有福利派送、新菜上市体验、吃鱼秒杀福利、新店开业霸王餐等，如果您愿意参与，就跟我说，我这边记录一下，后续的福利都是直接送给您的，若您有任何需要也可以随时联系我
微信自营外卖	下单后电话联系顾客确认订餐信息，并且添加微信，安排门店开始出餐，并且在食材准备下锅时及时联系骑手	及时对接门店确认订单并且开始制作
	外卖出餐完毕，待骑手取货后，第一时间用微信联系顾客，告知出餐时间，请顾客耐心等候，告知注意事项	微信告知顾客已经制作完成，正在配送外卖
	用餐回访	今天的外卖感觉怎样呀？欢迎提出建议
	询问顾客是否愿意成为体验官	最近我店准备选一些体验官，每月会有福利派送、新菜上市体验、吃鱼秒杀福利、新店开业霸王餐等，如果您愿意参与，就跟我说，我这边记录一下，后续的福利都是直接送给您的，若您有任何需要也可以随时联系我

6.提出建议和投诉的顾客（见表4-8）

表4-8 处理提出建议和客户投诉的流程

产品	
问题	处理方法
今天用餐感觉产品相对于上次，太辣了	收到您的建议，我已经联系了门店店长和厨师长，首先做好产品自查，看看是不是我们出品的流程未按标准执行，其次是我们的辣椒是否因供应批次不同而导致有些区别，我们会第一时间查明原因然后调整改善，感谢您的建议，也欢迎您继续监督我们，帮助改善，我们也希望带给大家更好的用餐体验，这边送您一张88元代金券，可以下次来使用，若您有任何关于用餐的问题都可以随时联系我，感谢您的信任与支持。

续表

环境	
问题	处理方法
在店里坐着感觉太闷了	好的，收到您的建议，我们已经增添了排风设备，也会重点关注改善后的情况，尽快给大家一个更好的用餐环境，感谢您的建议，也欢迎您继续监督我们，帮助改善，我们也希望带给大家更好的用餐体验，这边送您一张88元代金券，可以下次来使用，若您有任何关于用餐的问题都可以随时联系我，感谢您的信任与支持

服务	
问题	处理方法
今天你们店里的收银员结账的时候都不会操作，耽误了我好长时间	实在抱歉，这是我们的失误，门店今天超负荷了，在人员安排上出现了一些问题，上岗的收银员在一些问题上处理不及时，给您带来了困扰，实在是抱歉，已经和门店管理组沟通加强人员培训，避免相关问题再次发生，感谢您的建议，也欢迎您继续监督我们，帮助改善，我们也希望带给大家更好的用餐体验，这边送您一张88元代金券，可以下次来使用，若您有任何关于用餐的问题都可以随时联系我，感谢您的信任与支持

7. 标签、备注、运营数据整理及收集

（1）门店用餐人数及男女比例。

（2）各门店线上运营数据："添加率""用餐客户基本信息（特征）"。

通过流量的渠道建立和门店流量的管道铺设，笔者快速地打造了属于企业内部的流量池，沉淀了上万人的粉丝基础，通过每日的回访、顾客聊天激活，为公司积累了一定的用户资产。

基于顾客的终身价值来说，顾客后续的价值创造也是不容小觑的。企业需要不断的测试和优化：通过优化流程和减少用户的行动成本提升添加率；通过人设的打造和后续价值的体现提升留存率；通过及时的触达、回访提升顾客回复率；通过高价值低成本的产品或者性价比更高、工具效率更高的方式降低获客成本。

建立情感账户,提高顾客忠诚度

顾客的留存、激活和建立信任,其最终目的都要回归到顾客的终身价值上,如果企业想实现顾客的引流、激活、成交、复购循环四步走,就需要做好顾客的成交变现,不管是朋友圈的剧本式发售、社群快闪式发售等方式,还是流程化、数据化、整体性,都需要做好设计。

因为笔者的公司目前没有线上的产品,所有产品最终都要回归门店的成交场景,所以需要做好顾客的门店引流、到店成交,在门店完成产品交付是所有工作的核心。

笔者并没有急于去设计活动变现,而是花了很长的时间去培养用户的消费习惯,做好用户的心智预售,不断地去建立和深化顾客的信任,这里要引入一个概念——情感账户。

1.情感账户的概念

情感账户是对人际关系中相互信任的一种比喻。人际关系中的相互作用,可以比喻为银行中的存款与取款。存款可以建立关系、修复关系。取款使人们的关系变得疏远。

在人际关系中,人们能控制的只有自己的存款和取款,虽然无法控制别人是否存款,但是可以通过自己的思想、语言、行为,产生向对方账户存款的实质行动。

随着向对方账户持续存款,你就能获得对方的理解,进而获得对方的信任,消除对方的误会,扩大自己的影响范围。

柯维博士指出:"透过人际关系的存款,你可以建立自己与他人的安全感和信任感,也激发出正直、创造、自律等品质。"

事实上,不管承认与否,每个人心中都有一杆秤,都在下意识地经营着自己的情感账户，只不过有些经营是隐性的，不太明显。一句话、一个行为或者是展现出的一份情感，都有可能如同投石于池，激起涟漪。

真正关心和爱护对方，就等于向对方的情感账户里"存款"；如果损人利己，那就等于从别人那里"取款"，当存折里的钱被取光或出现赤字时，信任崩塌，你将不再获得对方的帮助和支持。

所以，如果你想要建立和谐、良好的人际关系，使自己在需要时能获得更多人的帮助，你就需要不断地在情感账户中积存信赖和感情，如理解、礼貌、信用、真诚、仁慈、助人等，为自己的情感账户充值，使他人对你更信赖，使彼此的感情更深厚，这样他人才更愿意提供帮助。

与之相对的，贬低他人、自视清高、漠视对方的工作成绩、在工作中推诿责任、出现差错后寻找借口、对于他人的困难不闻不问等行为，要坚决避免。

2. 如何为情感账户充值

常见的为情感账户充值的做法有以下八种，具体如下。

（1）理解他人。真正设身处地地站在对方的立场上看待问题。

（2）注意礼节。一些看似无关紧要的礼节，如没有礼貌或不经意失言，也会消耗情感账户里的"存款"。

（3）信守承诺。守信是一大笔"收入"，背信弃义则是巨大的"支出"，其代价往往超过其他过失。

（4）表明期望。在沟通过程中，很多人会误以为不必明确相告，对方能明白彼此的想法，而实际情况则不然。这往往也是出现信任问题的原因之一。

（5）正直诚恳。正直诚恳是一项重要"存款"。反之，已有的"存款"也会因为弄虚作假而贬值。不在背后说人长短，对他人保持尊重之心，不但可以赢得当事人的信任，同时还会赢得第三方的信任。

（6）勇于道歉。如果因为自己的错误导致你从情感账户"提款"，则要勇于道歉。向对方真诚地表示歉意，往往也会赢得对方的谅解。

（7）以情动人。人是很容易被感动的，而感动一个人靠的未必都是巨大的投入，热情的问候、温馨的微笑也足以在人的心灵洒下阳光。

（8）赞扬和鼓励。在工作和生活中，应该养成在情感账户里少"提款"、多"存款"的习惯，这样在关键时刻才能获得所需的支持和帮助。

3. 顾客的情感账户运营策略

基于商业交易的信任，建立情感账户比建立普通信任关系的难度更高，为了做好顾客情感账户，笔者的团队利用6个月时间，每个月用新菜体验官的福利不断给用户的情感账户存款，同时，为了控制门店的优免率，减少了线上的套餐、福利代金券等优惠。把顾客活动用更有价值感的产品取代，避免提供同质化的优惠措施。

可能有人会提出疑问，为什么需要这么长的时间来培养顾客的信任？

首先，餐饮企业卖的不是快消品，其次，餐饮业务中也不包括零售。再次，餐饮企业面对的顾客人群基本都是周边社区的用户，所以就算收回其他的折扣优免活动并改做菜品体验福利，也不会影响门店的正常销售占比和实收，这样做更大的作用是做好情感账户的培养。

餐饮企业不能盲目开发产品，而是需要根据季节、用户调研结果、本地的消费饮食习惯。

比如针对顾客的体验福利，笔者选用了来自甘肃的滩羊配合冬至节气做了羊肉优惠、选了优质肥肠做了肥肠鱼、选了精品牛蛙做了美蛙鱼、做了适合老人和小孩的番茄鱼、做了营养丰富的鲫鱼汤、做了食材新鲜直采的配菜套餐。

一系列的福利体验使顾客电子券的领取率从 10% 提升到 30%，核销率从 3% 提升到 8%，带动了门店每个月的销售额，企业还通过用餐回访及时了解顾客反馈，减少了门店的客诉数量。

企业通过体验服务和福利，给顾客留下了实惠、品质值得信赖的优秀商家的好印象，带动门店的点评，评价也有所提升。

从结果来看，以上活动价值凸显，经过长时间的情感储值，企业可以进行一次"取款"。

剧本式发售，打造门店排队盛况

第一次正式策划用户引流复购活动时，笔者非常谨慎，但是相信有前期的基础信任在，活动开展能达到预期效果。

结合现在年轻群体和龙虾爱好群体人数增加的现象，笔者决定选取龙虾作为 6 月的福利引流品，准备工作具体如下。

目标是引流 2000 桌。

公司方面配合：公司的产品研发部门进行研发、总仓供应链及门店的员工培训、市场部门的渠道梳理、设计部门的内容准备、用户运营部门的用户筛选和准备。

活动产品是价值 68.8 元的霸王鲍鱼小龙虾。

本次活动分两个阶段开展：第一阶段，用一周时间主推顾客领取；第二阶段，主推引流顾客到店核销。

1. 梳理渠道，准备物料

为了达到"力出一孔"的效果，公司在准备阶段对所有的外部渠道、内部渠道、线上渠道及线下渠道进行了梳理。

（1）准备工作。

图片物料。菜品拍摄、产品海报设计、倒计时海报设计。

文案准备。公众号的内容梳理、点评新鲜事、触达用户的私信文案、朋友圈的文案、社群的文案。

视频推广。抖音及视频号的视频内容拍摄。

系统配合。体验官福利的电子券设计及规则的梳理、收银系统的同步、产品的操作标准。

人员培训。总仓的备货及配送、门店的工作人员同步、门店根据营业额预估的备货。

（2）目标用户。围绕两个指标展开，一是愿意进行口碑传播；二是愿意到店复购消费。主要渠道是公众号、视频号、抖音、小红书、朋友圈、社群、点对点私信、线下门店物料。

2.剧本式发售激活用户

和之前直接发布活动内容相比，本次活动采用了剧本式的内容传播方式。其中，朋友圈的营销剧本必备思路：一是打造用户期待值；二是引导用户互动，便于后续的精准触达。

（1）打造用户期待值。我们在日常看书/看剧/听戏的时候，常常能听见"欲知后事如何？且听下回分解"这类话术，给用户带来期待。

在朋友圈剧本中也需要用这种方式让用户对产品相关的内容充满期待，可以是产品内容、产品发售时间、使用产品之后的效果等。

打造用户期待值，可以从以下角度出发。

打造产品稀缺性；

提升产品价值感；

烘托热购强氛围；

吸引客户关注度；

拉近客户信任度。

（2）引导用户互动。在用户心中有了期待之后，公司还需要给出明确指令，例如引导用户点赞评论。因为朋友圈是有时效性的，很少有人去翻以前的朋友圈内容，所以公司要在每条营销朋友圈里留下目标用户的线索。如此一来，在产品上线后，公司就可以在以前的营销朋友圈下评论、提醒用户，让这些被圈定的用户关注产品，从而提升关注度和转化率。

（3）把控活动节奏。结合活动节奏，在活动发布前笔者对售前、售中、售后的节奏设计了与之相对应的内容。

①在朋友圈的文案中进行提问式激活。比如，我们又要发福利了，大家有什么想要的福利吗？

②采用选择的方式将推出的福利包括在其中。比如，本次福利有A、B、C、D，我们将投票最多的选项赠送给大家。

③塑造价值感，设计能让顾客产生互动的文案，让顾客产生兴趣。

然后，根据实际情况配以文案和发布倒计时海报，前面的预热足够，活动正式发布时也会顺畅很多。

活动正式发布。

①借助公众号发布活动详情，进行全员触达。顾客可以直接在公众号内扫码领取福利，同时公司设置了一个抽奖活动，即在评论区点赞前10名的顾客可获得价值179.9元的霸王餐一份，引导顾客自己领取福利的同时进行活动传播。

②视频号发布。内容包括食材的选品、运输、制作、顾客的品尝好评以及顾客的领取使用流程等。

因为视频号目前还不能实现直接领取的功能，所以公司需要在评论区挂上公众号的链接，引导顾客跳转到公众号进行领取。然后，公司要将视频号内容转发到朋友圈和社群内，在朋友圈设置评论点赞抽奖环节，最后在社群内发红包请求群成员帮助点赞传播。

③朋友圈发布。公司要将提前准备的内容发布到朋友圈，并且在之前发布的预告朋友圈和视频号转发引导顾客点赞评论的朋友圈下主动评论，让顾客查看最新发布的的朋友圈，直接扫码领取本月的福利。

④抖音同步发布。包括视频号内容以及另外三条策划的视频，定位到门店，配合抖音团购的套餐上架，配合投放。

用剪辑工具将关键素材上传，自动生成多条抖音内容，分发给员工，形成短期内多条门店定位相关视频的集中发布，吸引平台流量。

接着整合资源，置换抖音探店博主，让各博主配合发布抖音，不断增加内容曝光度，配合视频号区域和熟人推荐的逻辑，形成门店周边半径3千米以内的内容展现。

⑤小红书发布。与付费和置换的多位博主沟通，进行图文曝光，同步到大众点评的评论区。

⑥点评的新鲜事上架。外加线上店铺和外卖门店的海报及头图的流程引导。

⑦线下门店的配合。物料架、店门口及桌台上、电子菜单上都进行内容的呈现，用餐后的顾客可以领取一次小龙虾福利，下次进店可用。

公司要将视频号二维码同步给门店服务员，引导顾客点赞并赠送饮品，这样既收集了顾客的视频号关注量，也增加了视频号的点赞量，同时触发视频号的内容推荐机制，可进一步增加曝光度。

⑧与顾客私聊时，需要注意的是要先发照片然后再加上文案。

公司在进行文案的排版时需要注意顾客会设置消息免打扰，因此在缩写文案的第一句话时要考虑用户的手机屏幕宽度，避免文案的开头产生折叠或者内容显示不全，否则会影响消息的点开率。

顾客打开详情才能看到海报和具体文案内容，体会到福利的价值感，继而领取福利。

⑨社群发布。由于提前做了预热动作，公司可以在群内利用小号混群，配合带节奏，引导群成员下单。可以先发红包激活群内氛围，然后将海报和文案发布到所有群内，利用小号互动引出活动内容，提前在群内传达活动详情。

这一系列动作包括时间节点性的动作和各个门店日常事务性的工作两方面，一定要把控好节奏感。同时，还要对各个渠道的风格以及平台规则有所了解。

3天时间内，本次活动用户最终领取了接近7000份福利，对于目前的用户体量来说，其实已经达到预期了。

除了继续增加福利的领取量，接下来公司的重点工作就放在了新用户的领取量和已领取用户的核销率的提升上。

3. 引流用户到店核销

活动后期的两个主要目标分别是提升新用户的福利领取量和提升已领取用户的到店核销率。

此时，对外的宣传需要准备以下几方面内容。

（1）物料准备。活动火爆的海报、表达活动受欢迎的文案、做用户回访时获取的顾客好评截图、点评的福利好评截图以及顾客到店使用福利的现场采访视频。

（2）社交传播。通过视频号、社群、朋友圈、抖音等渠道，做好用户见证的反馈，达成第二阶段的两个目标。如果加入循环活动的环节，此时可以埋下伏笔和进行内容铺垫。

（3）数据分析。通过对每个渠道的二维码领取率进行数据追踪，笔者最终发现个人号点对点私信的领取率和社群的二维码领取率最高，因此将资源向这两个渠道倾斜，但是已有的社群只有不到400人，就算全员领取和裂变，也还是处于流量不足的情况，于是笔者将主要动作拆解成了5个方面，具体如下。

①新用户的领取。增加社群的基础粉丝量；设计裂变引流活动；设计社群领取剧本，引导新进群顾客领取福利。

②已领取顾客的核销。老顾客的用户见证；产品的视频、图文引导。

③引导进群，邀请顾客。文案：欢迎加入门店福利群。你已拥有如下权益。一是每周五晚8点抽取群内霸王餐福利；二是每月发布当月体验官福利（本月为龙虾福利）；三是不定期发布现金红包、新店开业福利、重庆鱼司机线下活动等回馈大礼，如图4-23所示。

图4-23 活动部分截图

④社群筛选。在以上流程结束之后，社群从原有的400人扩充到了900人左右，考虑到活动的时效性，笔者开始准备社群裂变。

在策划社群活动的时候，前期筛选很重要，社群本身的质量也决定了活动效果。所以在活动开始前，公司会筛选出对门店有一定信任基础的、相对比较优质的顾客。

笔者在引导顾客时采用的是社群抽奖的方式，经过几个月的顾客信任培养和前期社群的筛选，笔者突发奇想，利用"反向激活"，即通过建立社群内部的矛盾来引导顾客分享。

群规则：

我们每周五的抽奖活动会在晚8点开始；

本次奖品如下。

一是价值179.9元的鱼锅券一张；

二是价值50元的代金券一张；

三是价值68.8元的小龙虾券一张；

四是5月新菜上市的菜品券一张（两个新菜任选）；

五是无花果雪梨汁券一张（门店通用且不可与其他福利同享）。

还没有进群的小伙伴，赶紧进群参与哦。

鼓励顾客邀请进群，结果如预料中的一样——不理想，只裂变了30多人，显然离预期目标相差甚远。

⑤反向激活。分享裂变的效果不佳，"反向激活"开始，在此郑重提醒：反向激活风险很大，前期的用户信任建立和活动铺垫一定要做好，否则极有可能成为一次大的活动事故，影响门店口碑，所以除了建立基本的信任，还需要在群内布置小号，进行及时的引导。

周五的正式抽奖活动是盲盒，要做好以下几点。

①设计冲突。笔者设计了两个社群冲突矛盾。一是奖品的中奖数量。将霸王餐正常中奖一份设置成中奖到账100份，代金券和菜品福利券等

也由最开始的一张设置成后台到账 10000 张，电子卡券不可转赠。显然这是不合理的，消费者在看到时也会第一时间觉得是系统出现问题了。二是中奖名额。实际中奖名额是 400 人，但群内的公告上发布的是中奖率为 100%。

②社群发酵。红包开场，宣布活动开始，然后就等群内发酵。此时可能出现的情况有以下几种。

质疑的：不是 100% 中奖吗？我怎么没中奖。

表示开心的：中奖了，中奖了。

表示惊讶和疑问的：霸王餐不是一份吗？怎么是 100 份？代金券不是一张吗？怎么是 10000 张？

各种声音使得群内的活跃度达到顶峰，问题也层出不穷。所以在活动前期一定要和运营人员进行设计沟通，声音越多，越有利于引导顾客的行动。

③关键引导。一是发布正式通告，告知顾客发生了系统故障，由于主办方缺乏经验，后台出现 Bug。这里需要强调两个观点：首先，保证所有人肯定有奖品；其次，已中奖的顾客的奖品依然有效，只是后台会修正奖券数量。以上动作为后续一对一处理客诉和激活用户埋下伏笔，顾客对品牌的好感还在，公司有担当、敢于承认错误的形象建立。

二是引导评论，让小号在群内表示理解，表明已经体验过很多次福利，相信主办方会给出一个令人满意的答案。

紧接着老顾客开始表示认同（这就是顾客筛选和前期建立顾客信任的重要性），群内出现了正向反馈，顾客表示会耐心等待答复和处理，大部分人为了避免损失，对于自己已经赢得的东西会据理力争，所以大部分顾客都会等待处理。

这个时候笔者特意关注了一下群内的人数，只有少数几个人退群，还在可控范围内。

④售后处理。活动结束后，公司需要集中处理顾客的问题，提前设计话术，一对一地进行处理，对于中奖数量夸张的设计，顾客也知道是出现了 Bug，表示理解。

对于未中奖的顾客，除了霸王餐以外，其余奖品都可以自行选择领取，公司告知每周五都会有抽奖活动，希望顾客继续关注，也希望今后能够继续陪伴顾客。

所有动作做完后，顾客得到妥善安抚，很多人还对这种积极承认错误、及时妥善处理问题的态度表示支持和认可，可提升顾客信任度。

这波操作以后，公司要在社群持续进行激活动作。在不断加深信任的同时，群内推荐来的顾客也越来越多，截至第二周的周五活动之前，群内人数由原先的 900 多人增加到了 2300 多人，已完成阶段的基础裂变目标。

完成裂变后，笔者对这段时间的运营动作进行了分析，得出以下两个结论：一是妥善处理顾客需求的态度、抽奖活动的价值、中奖率的确吸引人，已建立基本认同感的顾客大多愿意进群；二是通过每周的固定动作培养用户习惯，从而使公司拥有众多高质量、退群率极低的顾客群，并且每周还在持续地增加顾客数。

相比大型的裂变活动，虽然上述活动相对保守，但进群人数、进群粉丝的精准度也是公司在运营的时候会重点考虑的事情。只有找到对活动感兴趣的人，公司的社群运营才会有意义。

4. 引导顾客核销

在裂变成功的基础上，顾客的核销也要跟上其领取的节奏。

在处理各个渠道的用户见证时，笔者发现还是太过缺乏内容，于是通过小游戏来引导顾客共创内容和做用户见证，具体做法如下。

在群里推出一个小游戏，即用餐期间如果顾客将产品图发到群里，就可以激活社群晒图小游戏，公司除了在社群发一个红包之外，还会给顾客私发红包。

顾客有自己的专属福利，分享到了群里还能惠及他人，得到感谢，其优越感和被认可感就会凸显。

在这样的规则之下，愿意在群内做分享的顾客越来越多，同时公司也可以将顾客拍摄得比较好的照片发送到其余群内进行传播，用户见证内容也得到了保证，一举多得。

截至当月月底，活动一共引流2800多桌顾客到店使用福利券，为门店增收50多万元。

实践证明，在现在的环境下，发掘顾客终身价值、将流量变为留量，是门店需要坚持不断地去完善的一件事。

以上是一个关于私域裂变活动的案例，将流量转变成留量的玩法不仅沉淀了用户资产，建立了良好的用户口碑，也为提升门店的成交业绩做出了贡献。

关于如何将流量转化为留量，笔者还将持续研究。由于顾客体量越来越大，笔者未来的工作重点会放在开创更多价值变现的路径、满足顾客多样化的需求、会员的体系建设和私域流量的直播方向上。

在外部环境不断变化的当下，企业要做好基本功，扎扎实实地用心做好产品，在利用深度用户运营、建立信任的同时，给予用户价值感。

希望企业能够考虑生存问题，"深挖洞、高筑墙、广积粮、缓称王"。

成交篇

第五章　如何在私域玩转社群

第一节　社群团购行业的正确认知

社群团购行业的发展和机会

作为私域变现最常用的商业模式之一，社群团购因其0投入、0成本、0囤货、0风险的轻资产创业模式备受欢迎。

现在，很多人将社群团购作为创业/副业的首选。

在这种情况下，很多创业者不可避免地会产生一种挫败感：现在入局做社群团购，是不是太晚了？

在解答这个问题之前，我们需要先建立起对社群团购行业的正确认知。事物的发展往往会经历初创期、发展期、高速发展期、稳定期后到达顶峰，然后开始衰落。

1.社群团购的发展阶段

国内有三种比较典型的经济模式：电商、直销、微商。

（1）电商。电商于2003年兴起，经过二十年的发展，它已经成为人们购物的主流方式之一。

（2）直销。直销大概是从1995年开始在中国兴起的，那时候网络还不发达，企业以路演招商、线下聚会为其主要运营方法，依靠的是面对面沟通建立的情感连接。

（3）微商。微商于2012—2013年开始发展起来，它打开了社交电商的大门。

如今处于快速发展期的社群团购，从其出现到现在，也不过三四年的时间。虽然目前有很多团购平台和各种购物社群，市场似乎趋于饱和，但实际情况并不是这样的，微商、直销、电商，都没有饱和，作为一种新型的社交电商模式，社群团购的发展才刚刚开始。

2.社群团购的发展机会

目前的社群团购，不管是平台运营还是个体运营，大多以物美价廉的日用品为主，因为这类产品是刚需品，有极高的复购率。

一个行业的发展，需要众多的平台共同推动，才可能逐渐改变公众的认知思维方式。比如前文中提到的引导方针，就是调控的一种方法。社群团购的发展促使越来越多的平台、微信群出现，这是行业发展的规律，也是必然走向。

目前的社群团购处于粗放式增长到精细化运营的过渡阶段，只有在这个过程中提前布局、积累自身的竞争壁垒，才能在市场中赢得一席之地。

简单来说，就是企业要基于社群建立一个不需要房租、没有物业及水电费用、既可零售又可招商的线上店铺。

社群就相当于一间门店，需要做好日常的运营、宣传，服务好客户，维护与客户的关系。

从第一批客户开始，订单慢慢累积，店铺开始有了收益，品牌影响力也逐渐扩大。其他消费者也会从各种渠道了解到店铺的基本情况，随着口碑的逐渐提升，老客户也会开始转介绍，这样店铺就会慢慢走上正轨。

但是，一家店铺的客户和复购率很容易达到上限，若想要获得更大的盈利，就要想办法打开更大的市场。

店铺可以招商、连锁，社群自然也可以，通过招募代理商或者事业合伙人，可以将之前成功的运营模式复制到几十甚至上百个社群，相当于开了一家连锁店。

比如一个线上品牌将它的第一家店开设在天猫，在有了一定业绩之后，它又布局了京东、拼多多、唯品会等其他平台。

再比如一个线下实体门店，除了在上海开店，是不是还会在北京、深圳、广州等其他城市开设连锁分店？

企业布局多个平台、开设连锁店的目的往往是吸引更多客户、提高复购率、增加收入。把运营一家线上品牌店的经验复制给其他人，拓展收入渠道，就叫作招商思维。每个团购平台都有对应的代理晋升制度，比如初创、优创、联创、大联创等不同等级，等级不同，拿货价也不同，利润自然也不一样，这种与自身利益相关的晋升制度，可以极大地调动代理的积极性。

而裂变是在招商的基础上对资源的进一步利用。通过对自身、代理或者合作人背后人脉的充分激活，将各环节资源整合在一起，以求达到"1+1>2"的效果。

当然，如果企业想招代理的话，思维不能局限，除了复购的客户，身边想要找副业、轻创业、成长、拓圈的人也都是潜在的对象。当社群基于社交的属性时往往能够很好地进行裂变，产生破圈效应，带来源源不断的流量和利润。

如何创建优质团购社群

对于缺乏经验的新手群主来说，做社群团购的第一个挑战就是建立社群并有效转化第一批客户和第一批团长。

从前文中的转化路径可以看出，从客户转化为团长的前提是与客户建立信任感。反推回去，能够建立信任感的客户往往都是长期在社群中消费、有黏性的客户，是需要经过筛选的。

企业通过在社群中的运营，可以筛选出忠诚度高的客户，如果想要引导这些客户从消费者变成团长，第一步要做的就是将其从客户变成铁粉。

这就是老生常谈的社群运营了。

微信平台上每天新建百万个群聊，如何吸引微信用户的注意是需要首先解决的问题。这和线下门店如何提高进店客流量是类似的道理。

想象一下，一家开在最繁华的商业街上的餐馆，若想要在30多家餐馆里脱颖而出，是不是要想办法吸引更多的客户到店消费？

常用的方法有装修、培训服务人员、招聘技术好的厨师……通过各种方法增加餐馆的特色，让消费者愿意进店。

同样地，如果想要吸引用户进我们的社群，就要考虑我们的社群能为用户提供什么价值以及用户加入社群能得到什么收获。

建群初期，群成员的留存率很关键。所以，需要郑重地邀请朋友或客户，因为经过这种邀请进群的朋友会比较稳定，其关注和响应也会多一些。

1. 邀约建群

（1）取店名 = 取群名

①取群名可参考以下几种模板，如❤雨雨的好物成长群；菜小姐❤好物生活馆；霜霜❤品位生活宝藏群。

②在建群期加上【建群中】字样，比如【建群中】●雨雨的好物成长群；【建群中】菜小姐 ♥ 好物生活馆。

（2）拍建群视频

时长为一分钟左右，可以用醒图或者剪映 App 调整滤镜，语速轻快一点，加轻柔音乐，配上字幕。

视频内容大致为：我是谁，这是一个什么群，我为什么建这个群，我可以在这个群提供什么价值，最后种草自己社群团购的产品福利和副业模式。

视频可以是真人出镜，有真人、有声音、有表情、有情感是非常真实且真诚的亮相，比较容易影响和打动首批进入社群的人。

（3）邀请进群

建议最少邀请到 200 人后再开群，群人数越多、销量越高，收入也就越高。

提前 1~2 天拉人，前期可以邀请自己的好友，如果不够 200 人，就请亲朋好友推荐，当然要注意给帮忙的人发红包或者送礼物。

以下为邀请新人进群的步骤和方法：

①标签体系设计。微信好友可以从 A 到 C 整体上分为三类，具体如下。

第 1 类——A 类（高信任度的人）可以是亲戚、朋友、闺蜜、关系很近的人、有高信任度的人等。这类人为易转化人群。

第 2 类——B 类（有一定信任基础的人）可以是同事、朋友、客户，包括在线上线下实际有过交流或交往的人。

第 3 类——C 类（信任基础一般或者比较低的人）是不熟悉、不了解的人或是陌生人。

社群前期运营是以 A 类和 B 类为主的，因为这两类人有信任基础，很容易产生消费信任，也是最容易转化成团长的。

②邀请人进群的正确顺序为：邀请的前 40 人（含自己）可以是跟自己不那么熟悉的人（如 B 类、C 类）。可以直接拉群，前 39 名成员最好拉陌生一点的人，因为不需要验证。建议提前给每个人私发一条消息，介绍自己和社群的基本情况。

从第 41 人开始，需要通过邀请或者扫码才能进群。可以从微信好友中筛选 A 类、B 类、C 类人群并通过【私聊+朋友圈】逐一邀请。

③邀请新人进群有以下几种方式。在自己朋友圈邀请：发出带二维码的图片和建群文案。

发圈参考 1：简单直接型。

朋友们，我正式开启社群团购的副业啦，群内每天推送 6~8 款高性价比团品，带你享受低价格、高品质的生活！熟悉我的朋友都知道，我做的事都是经过慎重评估过的~

新店开业，欢迎大家扫码进群支持~

配图：热卖或优惠产品预告，群二维码，群预热抽奖，等等。

发圈参考 2：真诚介绍型（介绍自己经营这份事业的初衷）。

我是很喜欢分享的人，只要是自己用过的好东西，我都愿意无条件分享出去。决定好好经营我的社群团购事业也是因为我亲身体验过、验证过，确保了产品是正品且低价的真实性，我觉得可以把好的东西分享给大家，在帮助大家省钱的同时我还可以多一个收入来源，是很棒的一件事！

在社群里我可以跟大家交流一些健康、运动以及个人成长等我自己喜欢的事情，能把兴趣和职业结合起来，这是我很愿意认真投入的事情！因为对大家好也是对自己好。

未来我会给大家挑选高品质、好用、价格实惠的产品，让大家用低成本享受高品质生活；自用省钱，还可以开启副业，分享赚钱，××即将开团，每天 6～8 种高性价比团品。

希望大家支持我啊！欢迎大家扫码进我的团购社群～

配图：热卖或优惠产品预告，群二维码，群预热抽奖，等等。

以上文案仅供参考，每个创业者的心路历程和实际诉求都不相同，只要真诚地表达出自己建群做项目的原因就可以。

④自己私信邀请。不同人用不同的邀约话术。尽量不要群发私信，最好 1 对 1 邀请并带上对方名字，让对方感觉到真诚和被尊重。私聊的时候，最好用文字＋语音（或开业视频）的方式。

通信录的转化率普遍在 10%～20%，所以触达人数一定要足够大，最好覆盖到所有好友。

如果微信好友数比较多，可以参照以下 C 类人群的邀约话术，3 段文字要分 3 次群发，每次群发能选择 200 人。

保持平和的心态，不管对方是否接受邀请，都不要影响自己的情绪。

对三类人群私信的参考文案如下。

对 A 类私信的话术参考：

Hi，亲爱的×××，社群团购啦，邀请你进群玩耍哟！有需要就买买买，不需要就唠唠嗑～

里面吃穿住行都是正品，也很优惠，时不时还有福利，有很多有趣的姐妹，哈哈哈，邀请你来给我助力呀，爱你～

私信 A 类人群时，一定要发语音沟通，因为文字是没有感情的，发语音能传递感情。用语音沟通可以增进感情，沟通比较随意，比如"姑姑啊，这件事对我很重要，你一定要来支持我啊"。如果遇到其他问题，也可以用语音直接商量。

B类私信话术参考：

亲爱的××，我今天开始建群做社群团购的项目，我很重视地发这个邀请链接给你，我需要你的帮助和支持，请进到我的群里帮我增加人气。

群主每天会分享6~8款质量很不错的正品，产品涉及生活的各个方面，价格相当实惠！如果你有看中的产品，可以下单照顾我的生意，如果没有看中的产品，就当逛了个街，每天抢抢红包~

因为店铺刚起步，特别需要你来为我助力和增加人气，可以吗？

C类私信话术参考：

你好，我是××，不知你还记得我不？

认真考察很久之后，我在两个月前开始线上"轻创业"了。我用业余时间建立了一个团购社群，非常希望你能够支持我，进到我的群里帮我增加人气！在支持我的同时，说不定你也会跟我一样，觉得这是个不错的副业。不用投资，不用囤货，没有压力，时间自由。

群主每天会分享6~8款质量很不错的正品，产品涉及生活的各个方面，都是日常刚需品。因为我跟品牌方直接对接，没有中间商利润，全国万团一起营业，所以量大价优。产品均为正品，质量有保证，很多产品是口碑爆品。卖出的产品，我在售后方面也会负责到底。

你知道我是一个不轻易开始做事的人，我也是把口碑和质量看得比价格重要的人，注重细水长流和诚信。进群后请设置免打扰模式，有空的时候逛逛，你愿意进群支持我吗？

其他类。如比自己厉害、更有阅历、更有能力、做过或有做副业的微信好友，话术参考：

亲爱的×××，我最近刚开始做一个社群团购的"轻创业"项目，我觉得还挺靠谱的，做了两个月，刚起步。你接触的项目比较多，我想邀请你进群看看，帮我把把关，给我提点意见，可以吗？

如果将自己的好友都邀请了，但人数仍然不够，怎么办？

要善用身边的资源，请身边的人帮自己推荐，让亲朋好友帮忙发二维码到朋友圈。参考文案：

大家好，这是我的好朋友经营的精品团购群，零食、美妆、护肤品、母婴用品、生活用品应有尽有，都是精品~

群主还会不定时地发红包和赠送超值福利。

感兴趣的朋友可以扫码进群~

配图：好看的产品图或者加上自己的自拍，让朋友一起发，会更有吸引力，也更真实。

除了朋友圈之外，我们也可以让亲朋好友帮助我们做私信邀请。

如果是不认识的人，需要先发一段话，可以让好友发给他：（邀请好友群发参考话术），三段文字最好分开发！

×××，我的一个特别好的朋友在做一个副业，她用空余时间建立了一个团购群，希望你帮助和支持一下她，进群帮她增加人气。她是我非常欣赏的朋友，也是非常靠谱、讲诚信、讲品质的人。下次有机会介绍你们认识，相信你们也会成为朋友的！

我一般不帮别人的群拉人，我很了解她，相信她看中的东西不会差。她每天在群里会分享一些高性价比且质量也很不错的产品，涉及生活的各个方面。因为团购量大，所以价格很实惠，都保证是正品。

我在她的社群买过好几次东西，觉得挺不错的，你进群后可以设置成免打扰模式，有空的时候当个小超市逛逛，支持一下她呗！

这里需要注意的是，只要发现有人是通过邀请进群的，就要加对方为好友，并主动发一句话："非常感谢你进到我的群里，你的支持和信任对我来说很重要，希望能有机会为你服务！"

同时，给对方发一张优惠券，让对方第一次下单就能享受优惠，等对方实际下单时再返相应的现金红包。

（4）群内维护。欢迎＋开群仪式预告。在群里有10～15人的时候，可以开始发欢迎红包，并滚动播放群公告。以此告知群成员这是什么群以及开群仪式的安排。

以下两种公告文案可供参考：

①简洁版

欢迎大家来到××的社群！

我每天会在这里分享6～8个高品质好物，还会分享个人成长的内容。让我们在这里既省钱又赚钱，一起陪伴，一起成长呀！

×点开群仪式，我为大家准备了红包雨，还有丰富的奖品，欢迎大家邀请好友进来玩耍呀～

②详细版

嘿～朋友们好！本群正在建设中～欢迎新朋友进群！下面我简单介绍一下这个群：（1）这是精品团购群，在这里我为你精选全球好物，每天中午上新6～8款好物，吃穿用都有，价格优惠～品质有保证～；（2）这还是一个成长交流群，在这里有每周三次个人成长的精选内容（如亲密关系，沟通技巧，社群运营，职业发展，等等）；（3）售后服务我一概负责，在帮你省钱的同时一定为你提供最好的服务。

♥温馨提示：大家可置顶这个群，切记调成免打扰模式，避免打扰工作和休息。

×号×点开群仪式，我为大家准备了红包雨，还有丰富的奖品，欢迎大家邀请好友进群，再次感谢大家进群支持！

为了给群成员更好的体验,新社群建立后,群主一般会准备一个开群仪式。

2. 开群仪式

(1) 开群仪式的目的

开群仪式的目的和线下门店的开业仪式的目的相同,一方面,告知群成员自己的基本信息以及社群的价值;另一方面,通过坦诚的沟通,与客户建立基本的信任感,营造一个好的社群氛围。

(2) 仪式内容

①群主的个人信息(非常重要)。提炼出自己身上的标签+优势+价值,大部分人更喜欢和能提供价值的人来往,在介绍时,可以用故事的形式把自己的优势、价值展示出来,像跟朋友谈心一样地进行分享。客户了解得越多,越容易产生信任和连接的意向。

②建立社群的目的(非常重要)。不需要太复杂,但要让群成员感受到你的真诚。

比如建群的契机、怎么下定的决心、想达成什么样的结果等,群成员想看到的是群主经过深思熟虑后做的选择,他们会表明支持的态度。

③群主的专业能力(非常重要)。这是对自己优势的证明,群主在某个方面取得过相应的成果,群成员才会更加相信在群里确实能满足自己的需求,也能提高社群的留存率。

④在社群中提供的价值。如果想要长久地留住群成员,必须要根据他们的需求提供产品或服务,比如最优惠的价格、最新的款式等,要结合社群定位,给予群成员看得到的价值。

⑤热闹的开业活动。第一次社群的精准销售(非常重要)。

(3) 开群仪式步骤

①开群仪式的提前预热。开群仪式的提前1~2天,开始在群内发红

包，发布开群预告的群公告，播放团长开业视频。

开群仪式当天，每隔4小时发一次红包，发布开群预告的群公告（如12点/14点/18点）。

开群仪式前2小时/1小时/30分钟/5分钟/1分钟，发预告红包，发布开群预告的群公告。

开群仪式前30分钟，逐一私信提醒，通知群成员参加。

开群仪式前5～10分钟，互动聊天，炒热氛围。

文案参考：

预告红包文案参考。

【发红包1】朋友们好呀（或早上好/晚上好）！

【发红包2】晚上8点开群仪式见！

【发红包3】开群仪式倒计时1小时！

群公告文案参考。

完整版：嘿，朋友们好！本群准备开业啦～欢迎新朋友进群！

我简单介绍一下这个群。（1）这是精品团购群，在这里我为你精选全球好物，每天中午上新6～8款好物，吃穿用都有，价格优惠～品质有保证～；（2）这还是一个成长交流群，在这里有每周三次个人成长的精选内容（如亲密关系，沟通技巧，社群运营，职业发展，等等）；（3）售后服务我一概负责，在帮你省钱的同时一定为你提供最好的服务！

♥ 温馨提示：大家可置顶这个群，记得调成免打扰模式，避免打扰工作和休息。

周六晚8点开群仪式，我为大家准备了红包雨，还有丰富的奖品，欢迎大家邀请好友进群，再次感谢大家的支持！

简洁版：朋友们晚上好！欢迎来到我的×××群！

今晚8点开始开群仪式，我为大家准备了红包雨，还有丰富的奖品，欢迎大家邀请好友进群，再次感谢大家的支持！

❤温馨提示：大家可置顶这个群，可以调成免打扰模式，避免打扰工作~

私信文案参考。

×××（朋友的具体称呼），非常感谢你的支持，这是我的第一个社群，我非常重视，希望通过这个社群和你建立更多的连接，能使你购物更省钱、省心，同时提供知识和干货，让你成为更好的自己。

今晚8点，我将在群里举办开群仪式，为了这个仪式，我花了整整一周的时间用心准备，真诚邀请你参加！

已准备现金红包、免单福利等多重福利，邀请你来见证，期待你的到来和支持，也欢迎你邀请朋友一起来玩~

邀约动作集中在1~3天内完成，为保证社群热度，群主在社群建好后1周内就要安排开群仪式，所以要预留至少3天的时间准备开群仪式，群主在每位群成员进群时，都要发布开群仪式预告。

②开群仪式正式落实前的准备工作。提前1天或开群仪式当天安排好互动人员，炒热开群仪式氛围。

开群仪式的氛围很重要，热闹的社群更容易吸引客户的注意力。可以请亲朋好友、团队工作人员等开小号，对各个环节及时响应，带动气氛。

比如发表情包、发红包、下单产品、晒单支持等，一起营造社群热闹的氛围。

提前安排好开群仪式中的整体氛围互动。其中，包括节点和动作两个方面。

节点有开场、自我介绍、痛点共鸣、开业福利、报名、产品推荐等。

动作有发红包、提问、赞同、接龙、下单等。

对于群主来说，发红包是比较常用的手段，可以用来突出板块主题以及隔开文字信息。

提前确定开群仪式的推荐产品，准备推荐图文。

把产品数量控制在 3～5 款。

产品选择标准为性价比高、口碑好、体验好、价位不过高，建议优先选择日用品、食品等，目的是降低客户决策成本。

第二节　如何在社群中带货推品

让用户主动下单的社群推品逻辑

通过前文的邀约进群以及开群仪式，客户对社群已经有了基本的认知，对于群主人设、群内产品、优势、价值等也都有了比较详细的了解。

完成前期铺垫后，如何在社群中开展第一次精准销售成为影响后面日常发售的关键环节。

感情、温度是一个社群的灵魂。如果群主生硬地转发素材，客户将感受不到产品（服务）的温度，自然不会有下单的冲动，社群带货是需要有章法、有规划、有节奏的。

1. 如何在社群中带货推品

社群相当于一家线上超市，既然是超市，就会有营业时间。所以，在社群的日常运营中，群主要注意培养客户，让客户熟悉群内的规则，习惯社群的节奏。

社群不可能每时每刻都在推销，群主要利用好重点时间段。

（1）流量高峰期。

上午：9：00～10：30。

中午：12：00～14：00。

下午：5：00～6：00。

晚上：7：00～10：00。

做线上社群要关注网上流量高峰，在这些流量高峰期，群主可以带货、推荐和分享。

比如，晚上就是人们容易种草和下单的时候，不管是电商、微商还是直播，都是晚上甚至深夜的开单率较高，这是由人们的消费习惯和心理需求决定的。忙碌一天后，到了晚上人们往往会刷手机、放松、买东西，等等。

如果是餐饮类社群，群主可以在接近吃饭的时间多分享一些美食，比如酵素饮料、手抓饼、螺蛳粉等，或者分享一些自用产品的视频以及客户反馈的视频。

（2）推荐品类。社群建立初期，不建议群主推出过多的新品，以6～8个新品为宜，按照时间段每次重点推2～3个品类，可在社群、朋友圈同时发布。不过要注意，推品的时间段与产品属性要相符，比如晚上睡觉前，群主可以推荐一些安神助眠的产品。

通过固定时间段的分享，培养客户习惯，像电视栏目一样，促使客户按时参与社群互动。

下面以笔者曾经运营过的一个社群为例。

早上7:50发红包，做早安分享，与群成员讨论分享的话题，再发布当天上新的6～8款产品的预告长图。

上午9:30～10:00，主推当天12:00要下架的1～2款爆品，对其他下架产品一带而过。

中午12:00～14:00，主推当天上新的1～2款产品。

下午发布自用产品的视频介绍或者客户的使用反馈，分享使用产品后的真实感受。

当然，每个人的可支配时间段不同，实际操作中，群主可根据自己的实际情况，再结合每天的流量高峰期，合理规划推品节点，形成固定的规律。

（3）如何推荐产品。在社群团购中，最忌讳的便是机械地转发素材，这种做法不是运营，而是搬运素材。客户不会喜欢天天打广告的社群，长此以往，社群自然会沉寂。

如果想让客户既能体会到温度，又愿意下单购买，需要完成四个步骤：选图→小视频→走心文案→晒单。

①选图。全方位展示产品信息。用2～3张配合不同场景的基础产品图、1～2张外包装图、1张产品规格信息图，详细介绍产品构成。

要在官方素材库中，根据发布时间和场景选择素材，避免出现重复的资料和图片。

②视频。多维小视频的重点加持。在文字、图片、视频三种种草方式里，毫无疑问，视频的带货能力是最强的，这也是短视频、直播行业能迅速发展起来的原因。

比如直播间的口红试色、女装试穿；育儿博主分享做宝宝辅食时用到的工具，以及宝宝非常开心地吃辅食的画面，等等。

在这样的场景下，消费者是不是很容易种草？

视频有声音、有表情、有动作、有情感，能够传递更多有效的信息，可以说，在当下视频已经成为带货的必选项之一。

群主可以去抖音、小红书等短视频社交平台上查找视频的素材，内容包括产品的功能、好评度、销售热度、名人推荐、试用体验等，用这些素材展示产品的功能、口碑以及热度。同时，真实的测评还会加深客户对于产品的认知和好感，大大提高社群的转化率。

③文案。走心的文案介绍。官方提供的介绍自然是既专业又严谨的，但是购买产品的客户的目的是能解决自己的问题，他们对于产品的来龙去脉并不太关注。

所以，在社群中发布产品预告时群主需要做好功课，把官方的产品介绍转换成符合自己人设的、比较通俗的表达方式。

将文案的风格保持一致，时间长了，客户心中就会自动形成一个IP形象。

如果暂时原创能力不够，群主可先模仿其他人的文案，在模仿中逐渐形成自己的风格。带有感情、情绪以及个人色彩的带货文案，可以逐步建立群主的对外形象，让群成员感知群主的用心，有利于加深双方的信任。

④晒单。正确晒单，提高转化率。大部分人有跟风的心理，在面对一件产品犹豫不决的时候，会根据其他人的反应来决定买或不买。如果晒单的人多，还在观望的客户会产生一种安全感。

这就像有两家餐厅，一家客人多，一家客人少，很多人都会倾向于选择客人多的餐厅。

晒单，不是简单地在群里发付款截图，如果想要提高转化率，同样需要一定的技巧。

在什么时候晒单最合适呢？

产品发布后 10~20 分钟，就可以晒单了，注意要对客户的隐私信息打码。

晒谁的单？

如果社群刚刚组建，下单量较少，可以利用团队或者上级团长的订单。如果已经走上正轨，可以利用社群内自然产生的订单。

晒单的本质其实是借其他人下单的热度来展示产品的受欢迎程度，让其他客户能够安心购买。就像很多产品上新的时候会加上网红或明星的推荐、天猫销冠等，都是在借力。

怎样真实地晒单？

如果想要让客户下单，就要调动起他们的情绪，而不是直接发成交订单截图而没有前因后果。如果没有场景的代入，会让客户怀疑订单的真实性。

所以，成交场景的搭建至关重要，下文中的五种晒单方式可供参考。

第一种，强调销量 + 晒单。

"今天这个潮汕牛肉丸也太火了吧！"外加分享成交的订单截图。

第二种，强调价格优惠 + 晒单。

"大家快看今天的银耳露，我刚刚去天猫查了一下，我们差不多打五折，比 ×× 便宜 50 元，怪不得今天这么多人买，哈哈，你们是不是也悄悄比过价了？"然后发布价格对比图和成交订单。

第三种，晒评价截图 + 晒单。

"今天这个洗衣液有点上头。"引导群成员对洗衣液的相关话题进行讨论，然后晒单。

"我问了我妈，她说之前家里有用过，很好用，叫我再买两瓶。"

借用他人的评价，引导客户晒单。

第四种，晒收益截图。

"感谢又一位伙伴下单啦，好，我明天早餐的豆浆钱有了。"

大方晒收益，然后表示虽然利润不太高，但是因为产品好，所以很开心能够分享好物。引导客户在群内分享使用体验。并私信对愿意分享的客户表示感谢。

第五种，晒给下单客户的一个感谢红包+晒单。

社群运营前期，群主可以安排工作人员引导晒单，向晒单的客户发送专属的感谢红包。这样可以从侧面告诉其他客户，只要下单，就有专属的红包。

一方面，可以收获客户好感；另一方面，能培养客户晒单的习惯，营造社群中抢购的氛围。

在社群的日常运营中，不管是分享还是带货，都要牢记群成员是真实的人，要抱着与其面对面沟通一样的心态，坦诚交流。

2. 如何引导下单

有一种常见的推荐话术："每天中午12点会上新6~8款好物，可以看一看有没有你需要的，我们的东西都很好、很优惠，若有感兴趣的可以下单。"

实际上，类似以上这种话术的，都是无效话术。

因为这几句话对于客户来说，是出了开放性的选择题，如果不是着急用，客户一般不会产生急迫的购买意向。

如果想要提高转化率，就要给予客户封闭性的选项。

比如，推荐一款产品要突出它的某项优势，强调购买的人很多，后台订单激增。再分享购买记录，证明订单的真实性。在客户见证之后，引导其下单。

在整个过程中，都要不断强调购买这款产品的必要性。

从上述案例中可以看出，封闭性的选项没有给客户留犹豫的空间，客户要么不买，要么按照发出的指令下单。

而在社群团购中，下单并不是最后一步，还有隐藏的环节。这个环节也是很多老团长会忽略的部分——以如何购买更划算为理由，引导客户成为初创团长。

上文提到过，想要突破单一社群的上限，就要发展代理，也就是下级团长。

当客户成为团长之后，不仅购买产品更划算，还拥有了开店赚钱的权利，能得到详细的指导，这对于想要做副业的人来说，吸引力很大。

即使客户成为团长之后，没有立刻创建社群，只是自用型的团长，客户的复购率和黏性也会大大提高。对于社群本身来说，利大于弊。

所以，在每次推品结尾的引导下单环节，都可以强调一下，成为初创团长购买产品更优惠。以此加深群员对于成为团长好处的记忆点，有助于提高群员转化为初创团长的概率。

新群带货的五大原则

1. 第一周的热度要保持住

新群初建的第一周，群员的信任感还没有完全建立，处于随时可能会退群的边缘，所以，社群的热度至关重要。

一方面可以适当展示自己的个人信息，比如取得的成果、自己的收入等，真实的信息会在潜移默化中影响客户，慢慢积累信任值。

一方面要学会晒单，不断向群员展示，社群中所有的成交行为都是真实有效的。

另一方面，也要不时地进行抽奖，或者定时发红包，持续维持社群的热度，锁定所有用户的注意力。

通过以上几方面的运营，让客户感受到社群的热度，体会到安全感。也就是上文提到的跟风心理。

当然，在此过程中，很多团长都会遇到订单不多、本人收入也不够高的情况。这种情况下，我们需要转变思维，让客户见证我们的成长。这些成长历程对于客户而言，是最好的影响和改造，也是最好的广告。

因为我们做社群团购的目的，第一个是带货变现，第二个就是裂变招代理。

在我们的社群中，很多客户都有着成长、赚钱的需求，这些客户平时可能不太活跃，但只要关注到了我们的变化，后期就有很大可能成为我们的代理。所以，只有在前期保持住热度，才能确保未来团购、代理工作的顺利推进。

2.对产品要有足够的自信

社群团购的基础是群主和群员之间的信任，想要将这份信任延续下去，群主在选品时就要对群员负责，保证产品的质量。

面对没有使用过的产品，群主可以先自购体验。从买前咨询、付款下单到使用体验、售后服务，亲自体验一下消费闭环。

自己经历过，在觉得平台服务、产品性价比都不错的情况下，再来推荐产品，就能自然而然地对产品产生信任感。

这种信心，会在推荐产品的过程中，被客户感知到，进而感染客户，促使客户下单。

对于产品的信任也会延伸至平台，毕竟平台对于生产的产品都有规定的标准，如果自己作为客户很满意，那以后的其他产品，也会比较放心。

所以，面对新的产品，不要犹豫，不要内耗，体验过就去大方地推荐。自信、对产品的信心，才是分享的底气。

3.社群氛围的营造

在社群运营中，最常听到的一个问题就是：群里互动不够。

根本原因是在社群建立之初，没有把社群整体的氛围和节奏调整好。想要社群活跃，就离不开暖群的工作人员。

团长之间可以相互加群，让每个群里都有5～10个相互暖群的伙伴，群主推荐产品或者分享课程的时候，及时回应。

暖群不仅要及时回应，活跃气氛，还要帮助群主塑造专业形象。所以，小号或者团队人员的号，要尽量贴近真实客户，从客户的角度提问、晒单、聊天等。

如果社群人数达到200人以上，可以设置助理角色，负责引导客户、补充活动内容、说明规则、跟进下单等工作，这样遇到问题时，可以有缓冲的时间。

还有一种常见的情况是，活跃的只有固定的那些人，大部分群员都是沉默围观。

这是很正常的事情，这些沉默的群员虽然不太参与群内话题，但并不代表不会看群。比如在发红包时，总能看到有一些不熟的昵称。

暂时的不下单、不互动，说明信任度还不够，或者提供的产品暂时满足不了客户的需求。那只需要持续输出有价值的内容，做好客户见证和真实分享，只要这些客户还在关注群内消息，就有可能被转化。

笔者曾亲身经历过这样的事情，当时笔者的社群内，有一个高中同学，在社群的三四个月里，没有发言和互动过，沉默了几个月后，才开始持续、稳定地下单。

当然，如果觉得社群的氛围开始有冷却的趋势，就需要通过活动去激活沉睡客户。具体的活动要根据社群的定位来设计，这里不再展开叙述。

4.晒单的重要性

关于晒单的技巧上文中已经详细阐述过，主要注意两个方面：一是晒单时间。产品上架后晒单，利用跟风心理，引导其他客户购买。产品下架前的追销，此时晒单可以给犹豫的客户一种刺激，利用客户厌恶损失的心理，再冲一次销量。

二是晒单话术。成交场景是整个营销链路中不可缺少的部分，放在社群中也是如此。价格、效果、销量、客户见证，都能激发目标客户的购买欲望，正如前文所举的几个话术参考，真实的生活场景，是提高转化率的利器。

5.分享真实的产品体验

对于新建社群来说，第一次的选品至关重要，关系到客户对社群的第一印象。如果第一次消费体验没有达到客户预期，就会损失客户对我们的信任值，动摇社群的基础。

所以，在选品时，团长最好亲自体验所有的消费流程，介绍产品时，坦诚相告，而不是盲目夸大。知晓产品真实情况的客户，自然也会调整心理预期。这种情况下，只要产品（服务）质量过硬，让客户产生惊喜的感觉，客户对社群、产品、平台的信任度会快速提高，成交也就是水到渠成的事情了。

第三节　知识付费社群如何开展精准销售

四步写出高回应的社群公告

回想一下，你是不是每次为了写一条群公告抓破头皮，不知道如何写才能让人重视？好不容易写出了一条，可是群里回应的人却没几个，非常冷清。要想写出吸引人的群公告，也是需要方法的。

和写朋友圈文案一样，写社群公告，也是有框架的，具体如下。

（1）第一段做铺垫（调动氛围）；

（2）描述痛点或者好处（勾起好奇心）；

（3）公布分享主题，分享时间以及分享嘉宾；

（4）留行动指令。

1. 第一段写"废话"（调动氛围）

讲废话的目的，就是调动氛围或者和对方进行互动。

2. 写痛点或者写好处（勾起好奇心）

因为篇幅有限，所以群公告要简洁明了。"痛点"就是痛苦的状态，"好处"就是理想状态，这样的内容才会吸引群里大部分人的好奇心，想知道你是如何摆脱这样的痛苦，或者是如何获得现在的理想状态的。

3. 公布分享主题，分享时间或者是嘉宾

讲完痛点或者好处后，就要讲清楚接下来什么时间什么地点，分享主题是什么，以及主讲人或者分享嘉宾是谁。

4. 留行动指令

留的行动指令，尽量是给他们创造的美好想象，像那种打1的（我也干过），其实没有什么意义，我现在经常在群里留：

我要做一个被孩子宠上天的妈妈；

我要做一个聊天高手；

我要做一个更美、更有魅力的女人……

用这样的文字，给他们正面的引导，让他们主动关注群里的分享。所以，不管是发朋友圈，还是写群公告，好的文案功底很重要，都要让人觉得这条是写给他一个人看的,这样他才会积极地回应你。

高转化的社群分享五大步骤

你有没有遇到这样的情况,明明每次在群里分享的干货特别干,但分享完就是没有人回应,没有人互动?

或者,你经常为了做好一场分享,在电脑前写稿子一坐就是一天,结果写出来的稿子是又臭又长,自己都不想多看一眼?

所有的分享,也都是有方法的,我称之为分享五大步骤。我也曾经用这个方法,在一个群分享,结束后就源源不断地有人来加我的微信。

第一步,写痛点。社群分享跟我们写朋友圈文案一样,是为了挖掘听众的需求,让他知道你分享的内容是他需要的,否则别人为什么要花时间听你吹牛呢?

比如,你在微信上做副业,是否经常忙得没时间谈单?上了一天的班,晚上到家后,正准备拿起手机去谈单,结果娃一哭,孩一闹,忙完就到半夜了,囤在家里的货一动不动。

要么就是,好不容易有点时间去谈单吧,可是打开微信好友,从头刷到底,发现没有几个可以聊的好友,几乎都是陌生好友,找人家聊天,完全都是尴尬,不敢跟人家提产品。有时好不容易插入了产品,聊了半天,对方就是不买单,时间和精力都付出了,就是收不到钱。

第二步,写好处。写好处的目的是告诉别人,听了你的这场分享后,对方能得到什么,给对方描绘出一个理想状态。

比如,如果有一套方法,能让你轻松地成交陌生好友,让这些好友主动找你买单,让你轻松地用1天就卖掉别人辛苦1个月才能卖出的货,你想不想要?

第三步，写成功案例。分享成功案例就是为了告诉别人，曾经有人用了你的这个方法，已经成功了。让对方对这个方法产生好奇，当好奇心足够大，他就会忍不住想知道，到底是什么样的方法能够这么神奇？这时，接下来你讲干货时，他就会很认真地去聆听了。

比如，一位卖护肤品的学员，用这套方法在群里，成功地卖出去208件护肤品，收款53564元；

有一个卖酒的学员也是用这套方法，在群里批量卖红酒，48小时卖出去58箱红酒，收款37902元；

还有一位微商团队长，之前招代理都是一个个地去私聊，这样招代理不仅费时，而且想尽办法去说服来的代理，也很难带起来，她用这套方法一天招了22个代理，全部都是主动找她的，没有私聊一个；

还有一个学员，用这个方法，在社群招募文案弟子班，24小时收了6个18800元，实现了日入10万元。

现在请告诉我，你想不想知道这套方法是什么？

当你前面把痛点、好处、案例全部都抛完后，群里的人就会对你要讲的方法非常好奇，这个时候你再讲干货时，他们才会认真去听！

第四步，讲方法。就是把你实现这个结果的方法和步骤，逐一拆解出来，呈现在听众面前。

第五步，讲方案。很多人分不清楚什么是方案，虽然方案和方法二者仅仅是一字之差，但是其实完全不同。大家肯定都有这样的经历，学完某个课程后，不知道如何实操，其实这就是只掌握了方法。当我们掌握了方法后，还需要知道如何落地，知道这个方法在不同的项目或者不同的人群应该怎么应用。

我们上面讲的是微商如何在群里批量卖货，但是我们的客户也可能是实体店老板，所以当我们讲完批量卖货的方法后，接着就会告诉实体店老板，怎么用这套方法去做成交，这个时候，这些老板就会觉得你的方法非常容易落地且实用。

方法能显得我们很牛，但方案能让我们的客户变得很牛！这样，才会有更多的人信任我们，为我们付费。

我们经营社群的最终目的都是在寻找忠实粉丝，或者卖货，无论是哪种目的，最核心的问题就是信任，如何才能和群内的人打造信任呢——讲个人故事！

通过讲个人故事的方式，能让陌生人快速地了解我们，人们天生就会对熟悉的人产生基础的信任。在讲故事方面，我们可以介绍自己的背景，说自己的真实经历……

当我们的社群批量进入的时候，或者是你的群有了100多人的时候，我们可以专门找出一个时间，去讲自己的个人故事，来快速地和群内的人进行连接，建立信任。那么，故事应该如何去讲呢？

（1）出身；

（2）工作/创业经历；

（3）情感经历。

很多人会觉得，我就是一个平凡人，经历特别普通，即使讲出来，也没有可以吸引人的点。

从小在普通家庭长大，毕业后，就选择来到男友的城市，和男友结婚，直到结婚后才发现，日子并不像我想象的那样，于是开始选择找工作、上班、做副业、赚钱、找出路，自己打拼，再到后来就是各种报课学习，才开始慢慢赚钱！

这个故事，你听完以后，也会觉得没有什么吸引力，如果学会利用讲故事来制造悬念，把结构套进去，无论什么样的故事，都会变得非常有吸引力！

首先，讲故事，一定要学会制造悬念！什么叫"悬念"呢？电视剧我们都看过，编剧经常会在剧情精彩的时候，画风突变，让观众忍不住好奇，想要一探究竟。所以，我们讲故事的时候，也要学会制造这种悬念，勾起听众的好奇心，让对方忍不住地跟着你的思路走，一直想看到结尾。

其次，要有画面感。让人一听你的故事，就能自动地在眼前呈现出所描述的场景。

最后，要学会制造冲突。具体怎么做呢？

1. 制造悬念

举个例子，你毕业了，有两个选择等着你。一个是：回到家乡，父母托关系给安排的工作，工作清闲、稳定、公务员编制，虽不能大富大贵，但能衣食无忧，安稳过日子；另一个是去到男友的城市，但是，所有事情都要重新开始，没有关系，没有后台，只身来到一个陌生的城市，没有亲人在身边，但是，可以离男友近一些！

一边是自己的父母，另一边是自己喜欢的人，不管选择哪一个，都很难，特别纠结。当我们这样讲的时候，别人就很想知道，我们最终到底选择了哪个。

而如果你不把内心抉择的冲突写出来，而是直接写"毕业后，我就出来工作了，后来，到了结婚的年龄，就结婚了"。当你这样讲的时候，刚讲了开头，人家就猜到了结尾，还会想继续看下去吗？当然不会！

再讲个例子，也是内心抉择之间的冲突。两个男孩子，一边是你喜欢的人，非常想跟他在一起，但是呢，他好像并不怎么表态，只是含含糊糊地相处；另一边是喜欢你的男孩子，非常喜欢你，事无巨细地都帮你考虑到了，大事小事都帮你安排好了，你对他也不讨厌。但是你内心里，总觉得第一个才是你的真爱，你最终会选择跟哪个在一起呢？你这样讲了以后，别人就会非常好奇，想要知道你最终选择了谁。

日常生活中，我们每天都在经历抉择，在我们开始准备讲故事的时候，也可以加入一些冲突，设置悬念，让听众跟着我们的思路走。

2.有画面感

讲故事的时候，一定要有画面感，让语言文字勾起听众的丰富联想，在听众的大脑中形成画面，这就是画面感。

你要把真实的场景描绘出来，让观众一边看就能自然地代入当时的场景，比如哭了，你不要直接说哭了，你说，眼泪就顺着脸颊滴答滴答地往下掉，像断了线的珍珠。再比如很热，你不要直接说很热，你说，身体像在60°高温的天气下炙烤过一样，浑身冒着热气，全身上下没有一处是干的，衣服脱下来一拧，能拧出半脸盆的水。

这样的描述就非常有画面感，无须解释，就能让听众领会到这些话要表达的含义。

3.制造与现实生活中的主流冲突

比如，很多人觉得，生完孩子以后，女性一般都会先安心地在家带孩子。但是，她却选择了一生下孩子后就去忙事业，她的做法，就是和主流思想产生了冲突。

再比如，很多人入了职场后，都会想着如何做好本职工作，希望能在本职工作上有所成就。但是，她却白天上着班，晚上折腾着自己学习各种技能，研究自己喜欢的兴趣，身边的人都说兴趣不能当饭吃，可她最终却把兴趣变成了主业，还辞职了，这就是和主流思想产生了冲突。

我们用技巧把这个故事完善一下：所有的人都认为，女孩子就应该嫁一个好老公，让自己过得幸福快乐，让父母安心，就是对父母最大的回报；然而，我却不这样认为，我认为女人也应该有自己的事业，做出一番成绩，有能力孝顺父母，有能力顾好家人，让自己时间自由、财富自由，就是对父母最大的回报，于是我一直创业至今，仍单身一人。

以上就是讲故事的三个技巧，利用这些技巧，让故事更有吸引力，勾起听众的好奇心，让他们跟着你的节奏走。

第四节　社群批量成交技巧

增加成交的三大绝密方法

做付费社群的你，好不容易拉起了一个付费社群，可是半年时间过去了，群里人数还是只有几十个。

一个社群，运营久了，老会员会慢慢地失去了新鲜感，如果长期没有新会员进群刺激，社群的活跃度就会越来越低。那有没有一种方法，可以快速增加付费群的人数呢？今天告诉你几个绝密的方法，具体如下。

方法一，群公告炸圈成交法

如何利用群公告去炸圈做成交呢？

在发完群公告之后，我们可以紧接着去发个朋友圈。

举个例子，你今天要分享一个主题——社群批量裂变的五大绝招，就可以这样写：

你是不是拉了群之后，群里人数永远就那么几十个？用了各种方法去裂变，但就是裂变不成功？接下来，我会给你们分享群裂变的5种方法。

只要掌握这5种方法，就可以在短短一天时间内，把不到100人社群，轻松裂变到500人，你想不想知道这个方法？

想的请回复：我要听群裂变的5个绝招！

当我们发了这个群公告之后，快速截图发个朋友圈，然后在这条公告的评论区下面放一个硬广：如果你也想知道社群快速裂变的5个绝招，立刻戳我的头像，付款99元进我的社群，我把这套绝密方法告诉你，而且，你还可以在社群听半年的线上如何赚钱干货知识课程。

这条朋友圈是有痛点的，我们朋友圈里有同样痛点的人，看到了之后，就会来付费，这就是群公告炸圈成交法！

方法二，群反馈炸圈成交法

做完刚才的内容就结束了吗？还不够！

你讲完群裂变的5个绝招，群里的人会给你反馈吗？给你反馈的人多吗？不多，是不是？

而且，他们的反馈，很多并不是你想要的，他们大多的反馈，一般就是"谢谢你的分享、很好、不错……"简单的几句话。

这种很简单的反馈拿去发圈是没有意义的，想要吸引人进我们的付费社群，就要让外面的人看到这个群的价值，那么怎么做呢？

吸引他们去写复盘！

很多人会觉得，我为什么要写复盘？自己觉得有收获就可以了，不想浪费时间写。这个时候我们要给他一点甜头，比如，听完今天的分享，你是否有很多感悟？如果你觉得有收获，可以把自己的复盘发到群里，然后私信我，我会把另外2个群运营的绝招告诉你。福利有限，限时24小时之内完成。

这样做后，可能之前只有一两个人会写复盘，但现在会有二十个人写复盘感受，甚至他们写复盘还会带上"彩虹屁"，说你的分享特别精彩。

收到了他们的反馈后，就可以开始发圈了。这个时候要注意，不要统一去发圈，而是一张一张地发。为什么呢？如果别人看到你的一条圈里，密密麻麻的全是文字，都不会去看完的，所以一定要一张一张地截图发圈。

比如说，"子宸年度 VIP 社群分享反馈 +1"，然后，放一张他们的反馈截图，子宸年度 VIP 社群分享反馈 +2，+3，+4，+5，+6……累积起来，能量叠加。

当有人看到 +9 的时候，绝对会好奇，然后去查看你之前的朋友圈，当他看到很多人都说你的社群好的时候，就会产生付费的冲动！

而且，你在每一张反馈圈下面放个硬广：

你想听这么精彩的干货吗？

欢迎来子宸年度 VIP 社群，现在收费 999 元，4 个名额之后涨价到 1299 元，直接戳我头像转账占位！

然后，当我们把这些反馈发完之后，接下来就要发硬广，说清楚我们的年度社群有哪些权益，进来能得到什么价值，等等。

方法三，成功案例拆解成交法

我曾经用这个绝招，轻松在 1 天内吸引了 100 多人进我的付费社群。当时我的付费社群收费是 399 ～ 699 元（每收 30 个群员就涨价），而且，大部分都是陌生人给我付费的，具体怎么操作呢？

很简单，案例拆解。

我们圈子或者我们自己创造了一个很轰动的成功案例，就可以借助这个案例拆解，吸引别人付费进群。

之前，我们做了一个批量卖柚子的社群，24 小时卖了 3000 斤柚子，这个案例就在我当时的那个圈子爆掉了，很多人都去拆解我当时怎么去卖柚子。

当时我朋友圈有4000多人，然后，我就以这个噱头去吸引人付费进我的社群，听"24小时卖出3000斤柚子"的案例拆解，不到一天时间就吸引了100多人付费进群。

最神奇的是，因为我之前在朋友圈做过硬广，这些人早就知道这个付费社群的存在，但他们之前并不会给我付费，现在因为有了感兴趣的话题才会付费。

所以，当我们要吸引别人进我们的付费社群时，一定要找一个噱头，解决别人为什么要给你付费的问题。那么多人做社群，为什么要选择你呢？因为他要听你拆解很劲爆的成功案例！

同时，采用了一个涨价策略，每收20人涨价100元，不断去涨价，用涨价创造紧迫感。

他现在付费是399元，半小时后可能就是499元，再过半小时可能又涨到了599元，他看到我是真的在涨价，就会毫不犹豫地直接掏钱了，这就解决了为什么要现在给你付费的问题！

所以，总结一点，如果要让客户立刻给你掏钱，你要先解决两个问题：一是为什么要给你钱？二是为什么要现在给你钱？

社群批量成交六大步骤

我们运营社群，最终的目的还是要成交转化，群里氛围活跃了，用户黏性高了，批量卖货收钱就是水到渠成的事情了。

那么，社群批量卖货究竟应该如何一步步地开展？

第一步，预告社群福利。在要做批量卖货的当天，我们需要提前在群里进行预热。一定要通知到位，告诉大家你今晚要在群里做什么样的福利活动，同时把福利的价值塑造到位，让更多的人期待，这样发售的效果才会更好。

第二步，铺垫产品，挖掘需求。很多人在做社群成交时，非常暴力，一上来就开始发产品，这是错误的！如果你没有把客户的需求挖出来，直接抛产品，哪怕你的产品的价格再优惠，也很少有人下单，因为没有人会因为便宜而下单，都是因为有需求才会买单。

所以，我们在开始发售产品之前，一定要先铺垫痛点，也就是挖需求。

第三步，给出解决方案、介绍产品。当我们把客户的需求都挖掘到位后，就要开始给出解决方案。用方案解决用户的痛点，而我们的产品就是方案的一部分，这时候，用户就会主动付费。

但记住一点，介绍产品时不要去重点强调成分，因为客户永远关心的是，你的产品能不能解决他的问题！

第四步，客户见证、成功案例。你说10句，不如客户说1句。日常要重视对成功案例的搜集，在介绍完产品后就把这些成功案例、客户的反馈、客户证言等发出来，让大家看到你的客户真真切切地因为你而受益。

记住，案例一定要是真实的，不能作假！

第五步，专属优惠。告诉群内的人，限定时间内下单，能够获得什么样的优惠，或者有什么额外的赠品，当然，赠品的价值也一定要塑造出来！

记住！一定要学会限时限量，给用户一个立马付款下单的理由，否则成交量就会大打折扣。

第六步，成交刺激（转账记录，使用反馈）。当你做完前面五步，有人开始付款下单后，立马把付款截图发到群里，然后用红包播报：恭喜××抢得一套。不断发成交截图，那些观望的人就会坐不住了，看到这么多人都在买，再不买就亏了；这就是羊群效应。除了发付款截图，你还可以发其他的客户反馈，继续不断地去促单。

第六章　九大成交变现模式

我们获取流量的目的是什么呢？成交！只有这两个字！

我们做好产品设计、寻找各种福利，撒下大量福利，获取大量的流量以后，还有一个极其重要的环节，那就是成交模式的打造。把这个环节学透了，你的私域就无敌了。

在本章中，我将为你分享9种成交模式，当熟悉了成交模式中的一个又一个技巧之后，你的思维也会发生很大的变化，很多原来想不通的环节，就会变得豁然开朗，很多原来碎片化的想法，也能串联起来，形成你自己的一套成交系统和解决方案。

第一节　对比参照成交模式

成交中最大的抗拒点就是"太贵了"，有70%的未成交原因就是因为没有解决这个问题。

当客户感觉到你的产品物超所值，他买了你的产品就是占了大便宜了，这个时候，购买的行动力就产生了。所以，一定要学会展示产品的价值。

什么叫作对比参照模式？举几个例子，大家感受一下。

案例一：卖电动按摩器

话术1：我这个电动按摩器1500W功率，超长十年寿命，上面的皮质都是上好的头层皮。

话术2：我这个电动按摩器按摩1个小时，相当于请了1个专业的按摩师给你按摩2个小时。

案例二：卖负氧离子喷剂

话术1：这个东西只要往车子里面喷一瓶，整个车子的负氧离子就够用了。

话术2：这个喷剂在车子里面喷一瓶，那么你车子里的空气就相当于一片森林里面的空气。

案例三：卖保健品

话术1：我这个药可以让你增强身体的免疫力。

话术2：自从我吃了这个药，3年都没有感冒过一次！

案例四：卖耳机

话术1：我这个耳机非常好，材质和工艺也非常好，耳机的腔体是用紫檀木做的，别人卖2000多块钱一对，我只卖298元。

话术2：这个耳塞的腔体是用紫檀木制作的，别人都是卖2000多块钱的耳机，但是我只卖298元，而且，我做一个的时间，是别人做3个所用的时间。

以上几款产品介绍，消费者最可能买哪一种？当你有一个可以感知的对比，我们在日常介绍自己产品的时候，不要自嗨，得有个参照，然后做下对比。

什么叫参照？比如小米手机，雷军在召开小米手机发布会的时候，找了苹果、三星，这些国际品牌拿来做参照。

什么叫对比？比如，苹果这个性能得多少分，三星得多少分，小米得多少分，在数据跟他们差不多，甚至更好的情况下，苹果的价格是多少钱，三星的价格是多少钱，小米的价格是多少钱。这就是对比，一听就懂，能直观地感受到小米手机的价值，这就叫参照对比模式。

如何用参照对比模式来塑造产品价值呢？在这里，大家一定要学会运用对比四要素，具体如下。

（1）直观；

（2）通过各个角度去形成对比；

（3）一定是可视觉化的东西；

（4）非常有诱惑力的好处。

我们前面讲的几个案例，主要是讲了直观对比，这里，我们讲讲可视觉化的对比。

什么叫可视觉化的对比？比如，吸烟有害健康是一个共识，但简单的劝告和张贴标语的效果并不明显，很多人会继续吸烟。

但是，如果让抽烟者直接看到被烟熏得非常黑的肺，强烈的视觉冲击会造成心理压力，进而产生戒烟的动力。

同样以案例来感受一下：

案例一：有漏电保护功能的足浴盆，价格偏高从而导致竞争力下降

在足浴盆中倒满水，再放几条鱼进去。普通的足浴盆漏电了，鱼被电死，有保护的足浴盆漏电了，但是鱼照样在游着。

案例二：纸尿裤的吸水性对比

往自己的产品、国外知名品牌、国内某知名品牌三种纸尿裤上倒水，吸水性最好的是他的纸尿布。打开纸尿布的内衬，里面材料最好的同样是他的纸尿裤。国外品牌10块钱一片，国内品牌2块钱一片，他的是3块

钱一片。通过这样的对比，消费者就能明确感知到各品牌的性价比了。

俗话说眼见为实，视觉化的对比能够更加凸显产品的优势，刺激用户付费。

但并不是所有行业都能够有客观的对比，比如理发、美容等行业。这些行业想要获取消费者的青睐，就要让消费者觉得产品或者服务能够为自己带来好的改变。

以理发为例，可以根据消费者的头型、脸型介绍最适合的发型，提高消费者的颜值和时尚感，这种情况下，消费者会感受到理发师对自己的重视，价值自然也能体现出来。

除了产品的客观价值，感性因素也在影响着消费者的决策。

在卖与药品相关的产品时，可以先讲述自己与病痛抗争的故事，以及痊愈后想要将药方公开治疗更多人的决心。其中，可以穿插求医问药过程中的艰辛、研发药方的困难等。

一些销售员在推销的时候，会先真实地（注：这是前提）讲述一下自己的经历。比如，因为家庭困难，为了减轻家庭负担，早早步入社会，勤勤恳恳地工作。很幸运地得到贵人帮助，所以自己特别感恩，特地从老家带了一点特产回来送给贵人，礼轻情意重。

听完这些真诚的话语，相信不少人都会产生共鸣，从而产生消费行为。

即使是雷同的产品，也能找到不同点。比如价格对比、款式对比、材质对比，甚至品牌文化都可以进行对比。

百事可乐曾经就和可口可乐做过对比，让消费者蒙上眼睛喝，然后问消费者哪种可乐更好喝。百事可乐好喝，百事可乐就开始大肆宣传这个活动结果。所以，世界上没有完全相同的两片叶子，同样也没有完全相同的产品。

第二节　对号成交模式

简单来说，就是给犹豫的消费者一个情况相似的成功案例，从而引导出消费者的真实需求，获得充分的信任，从而激起消费者的行动欲望。

对号入座成交模式能够引导顾客的真实需求，获得充分的信任，从而激起顾客的行动欲望。

笔者有一个客户是开家具店的，因为产品档次属于高端品牌，价格也相对来说有些高，好多顾客听到价格以后，甚至没有还价就离开了，这让他非常地苦恼。

好不容易引流到店的顾客就这样白白流失，实在太可惜了，我给他出了一个方法，让成交率提高了至少30%。

成交中最大的障碍就是缺乏信任感。

如何建立信任感呢？最好的方法就是提供大量的顾客见证！

笔者让他做出一本感恩手册，里面放了很多素材照片：家具安装好以后，我们会拍几张实景照片，在顾客允许的情况下，我们甚至还会让顾客和产品拍个合影。我们会将这些产品实景照片，加上顾客合影，最后附上顾客好评，组合起来，附在手册里，这样的组合，增加了新用户的信任感和真实性。

这本感恩手册做好以后，拿几本摆放到店里的不同位置，保证顾客在看产品时，能够看到这些感恩手册。当他们顺手翻阅的时候，看到的都是其他顾客购买后的好评，信任感立马就上来了。

同时，针对导购员的沟通话术也进行了调整，顾客进店以后，不是急着去推销产品，而是和顾客在聊天过程中，先去了解顾客的需求。

比如，顾客居住的小区位置、房屋面积、家里人口、喜欢的家具风格、购买预算等，收集到有效的信息后，根据顾客的情况搭配家具。

在给顾客介绍产品的同时，顺手拿起感恩手册，讲几个和这位顾客类似情况的故事。

经过这样的沟通方式调整后，店里的成交率有了大大的提升！

当然，如果情况允许，你也可以做成一面顾客感恩墙，既可以当作企业文化，又可以当作顾客见证。

回顾一下整体的销售流程，具体如下。

第一步，先询问对方的基础情况、困惑和想要达到的结果，千万不能对着消费者一直介绍产品。

第二步，拿出准备好的客户见证材料，然后开始讲故事，讲成功客户的经历和改变，通过今昔对比，越详细可信度越高。这里需要注意的是要挑选情况类似的客户案例，只有相差不大才能激发改变的欲望。

第三步，引导对方向成功的顾客学习快速改变，获得自己想要的结果。

这种成交模式，可以直接接触到消费者的本质需求，而且简单易操作，但是想要运用好这种模式，需要注意三点，具体如下。

（1）客户见证一定要直观真实。包括两方面：一是成功案例是真实发生的事情，二是做好包装。

（2）客户见证要做好细节，表达要有故事性和画面感。

（3）多准备几个客户见证。如果只有一个案例，消费者可能会觉得是巧合，但多人的成功案例则验证了产品的效果，成功案例越多，越能打消客户的购买顾虑。

第三节　阶梯引导成交模式

此种模式可以影响顾客的判断，提高客单价。

以甜品店为例。

在原有奶茶 7 元 / 杯的情况下，想推出单价 15 元 / 杯的奶茶，该如何让消费者接受呢？

如果直接推荐，消费者很可能会觉得贵，不买账。但是，假如在 7 元和 15 元之间再加一款 13 元的产品，三款奶茶让消费者选择，他们心理就会出现很微妙的变化。不少消费者会习惯性地选择中间那个产品，这其实是人的一个思维定式。

当消费者选了中间的产品之后，导购员可以引导消费者："这款 15 元的奶茶比这个 13 元的克数大很多，但是只需加两块钱，我建议你选择 15 元的。"这时候，大部分人都会选择 15 元的奶茶。

也就是说，你原本有一款低价产品，当你要卖一个价格稍贵的同款产品的时候，只需要在中间加一个款，就能达成卖高价产品的目的，这就叫作阶梯引导成交模式。

这种模式其实是在一步步地提高消费者心理的价值预期，阶梯引导成交高价，客单价提高了，店铺的业绩就上升了。

在这个过程中，店铺没有做任何引流动作、成交方案，店铺也没有扩大，只是在原来的产品基础上加了两种产品，就把店铺的业绩翻了一番。

生活中这种情境也很常见，比如肯德基的可乐，小杯、中杯、大杯，很多消费者会觉得中杯合适，但真的选择中杯的时候，服务员就会告诉你只需要加两块钱就能换成大杯的。所以想要提高业绩，不一定需要高大上的成交方案，只是一些细节的调整就能起到明显的效果，而且，这些调整是长期健康的，更有利于店铺未来的发展。

那么这种模式的背后原理是什么呢？

是人的对比心理！用三种价格作对比的时候，出于性价比考虑或者面子考虑，很多人会选择中间的价位，这时候再去引导高客单价的产品，就要体现出增加的价值和好处，给予消费者选择高价位产品的理由。

阶梯引导成交模式的设计流程也很简单，具体如下。

第一步，如果是单一的产品，你需要增加一个高价产品和中间产品；

第二步，锁定选择中间产品的客户；

第三步，通过价值对比，引导对方选择高价产品。

即使不是所有客户都会按照流程消费，但总体来说，利润也是有提高的。

当然，价格的设计也需要一定的技巧，比如说7元、13元、15元；或者是7元、12元、15元，中间产品和高价产品的价格差不能过大，要小于低价和中间产品的差值。

第四节　检测成交模式

检测成交模式的基本流程是挖掘客户痛点、放大改变欲望、树立专家形象、自动购买产品。这种成交模式涉及三个环节，具体如下。

1. 检测

（1）询问检测。通过问问题，了解情况。

（2）行动检测。通过一些手法，了解需求。

（3）仪器检测。通过一些机器设备，检测客户哪里需要调整。

（4）问卷检测。通过做测试题，来了解客户的情况。

前三种检测方式，我们在日常生活中经常在医院看到，医生在诊断病情前一般都会有三个步骤：

一是问。哪里有症状？吃过什么东西？有没有感冒发烧？有没有过往病例？

二是按。针对部分症状，医生会在病发部位手动检查。

三是查。有了大概的判断后，通常会用专业仪器再度检查，以便确诊。

经过以上三个步骤，医生得出结论：得的是什么病，需要吃什么药。

第四种问卷检测方式常用于教育培训机构或者人力资源公司，对学员（应聘者）检测后，判断适合报什么课程或者适合什么岗位。

这些生活中的例子表明，想要成交，就要给消费者展示出专业性，建立起基本的信任，这是成交的前提。想要利用这种成交模式，就要学会给消费者做出正确的判断。

比如护肤品品牌，首先要了解消费者的饮食习惯、常用品类、肤质，以及出现问题的时间；其次根据这些反馈给出建议，给消费者以心理暗示，在这种前提下，消费者就会比较容易接受推荐的产品。

假如我们做微商卖面膜，可以问我们的客户：平时都用过哪些面膜？怎么用面膜锁水的？怎么用面膜补水的？怎么用面膜去补充营养的……经过你这么一问，客户就会觉得自己什么都不懂。

知道了问题以后，我们会说："你这样子贴面膜的话，效果会大打折扣，难怪效果不明显。"接下来，再让对方发个图片帮她诊断一下肤质。然后再科普一下五种皮肤类型各自适合贴什么面膜，如此，我们的专家形象立马就塑造出来了，用户对我们的信任值会呈直线上升。

因为我们的连续发问，用户就会感知到接下来所说的话，跟他有密切的关系，所以他会容易被吸引，从而认真听我们的话，使我们有塑造专家形象的机会。

谨记一点：只有与消费者自身相关的产品，才能打动消费者的心。

2. 诊断并给出解决方案

能够指出问题虽然能建立信任，但如果无法解决问题，这些信任就如同空中楼阁，不会长时间存在。所以，在面对目标客户的时候，一定要结合实际情况，给出可操作的方案。

比如，什么肤质对应什么类型的护肤品，使用频率是多少，要坚持多久才能见到效果，只有解决方案才是赢得消费者信任的基石。

3. 导入产品和服务，作为解决方案的一部分

在做产品宣传的时候不要过度，任何产品都不是万能的，只能解决一部分问题，另一部分就需要消费者的配合。

将产品和服务作为解决方案中的一部分，只有在消费者自觉配合的前提下，才能发挥出产品应有的功效，这样的做法才是符合逻辑的。

在给具体解决方案的时候，要注意消费者的配合度是否足够高，如果存在犹豫的情况，说明消费者没有迫切的改变意愿，这时候，成交的可能性就比较低。

第五节　审核成交模式

审核成交通常有两种形式。一是知识付费中，报名学习班前的审核，看是否满足加入团队的条件；二是连锁品牌中的招商加盟板块，会说明具备什么条件才能够与品牌商洽谈加盟业务。

这些都是条件审核。

为什么要设置审核条件呢？答案是可以提高自身能量。被动的成交过程中商家总是容易处于弱势方，跟在消费者的问题后面回答，这就是能量不足的表现。

但条件审核也有难题。比如现在生活节奏很快，顾客没有耐心去听商家的各种介绍，想要完成条件审核，就需要给出同等价值的利益。

以小儿托管机构为例，家长问托管价格，是家长对机构的审核，想要掌握成交中的主动权，需要机构反问家长，收费都是差不多的，但是家长是否了解小孩子托管中的注意事项？

通过角色的转变，来引导家长完成审核步骤。

如果此时告知家长，想真正通过托管达到好的效果，需要我们达成一个共识。家长一定会很好奇，什么共识？

（1）小孩子的性格，3～6岁之间起了决定性的作用；

（2）想让孩子坚强懂事，就需要孩子拥有团结精神，能够融入群体，有团队意识。接下来的培养重点，主要是从这三个方面出发，除了文化教学之外，品德教育也不可缺少。认同的话，您就可以把孩子送到我们这里。

回顾这个案例，上面提到的共识其实就相当于一个设置好的条件，这个条件也是为孩子和家长考虑，也就是前文提到的，与消费者本身相关。与家长达成一致后，就等于获得了家长的认同，后面的成交难度也会大大降低。

注意，不要误以为审核是幌子。任何产品在面世前都需要做市场调研，为产品定位，定位过程本身就放弃了部分客户，商家集中资源去服务好特定的客户，这其实就是条件审核。

像笔者从事的培训策划行业，来咨询的客户很多，但因为时间和精力有限，只能服务部分客户，所以笔者也会对客户进行全方位的评估：项目竞争力、团队、执行力、管理、资金等。

因为一个项目要成功，涉及的因素是很多的，不仅仅是营销的问题。

所以，我们在实行这个模式的时候要注意几点，具体如下。

（1）条件不要设置太多，客户耐心有限，审核与产品有强关联的条件；

（2）你在说明条件的时候，需要获得对方的认同；

（3）要表达出负责任的态度，如果客户能做到要求的条件，商家也要保证交付同等的结果；

（4）设置的条件要合理，不能给顾客造成过大的心理压力，要设置通过一定努力可以达到的目标。

第六节　反审核成交模式

上文中提到过，被审核的一方在沟通中，处于弱势地位。不仅仅是商业活动，其实人们在交流的时候，就是一种能量的博弈，能量低的人想成交能量高的人，那是非常难的，想要提高能量，就要做审核别人的一方。

比如，在购物活动中，顾客会向店家询问产品的各种问题，这就是顾客对产品的审核，即使导购员说得天花乱坠，顾客仍旧站在审核的位置俯视商家，那么商家的能量就很低。

比如，面试应聘的时候，人事提出的种种问题，会让应聘者不可避免地陷入紧张的状态，又怎么能充满能量呢？只能陷入被审核境地，毫无半点优势可言。

回想一下，其实，生活里每时每刻我们也都在审核着别人，比如这个人值不值得交朋友，他说的话是否可信，他的方案是否可行，他推荐的产品到底有没有那么好，等等。

想要争取沟通中的优势地位，就要运用反审核成交模式。这种模式利用的是人性中希望被认同、被认可的心理满足感。

仍然以护肤品为例，当你给客户推销护肤品的时候，顾客就会问你：你们的化妆品是什么原料？对我的皮肤有没有改善作用？我用了很多护肤品，但是效果都不太大，你们这个是不是也是这样呢……很明显，这就是顾客在审核你的产品！

我们要怎么样才能变被动为主动呢？

直接拿起她咨询的那款护肤品,说:"我们的产品采用的都是纯天然原料,对皮肤能起到很好的护肤作用,你看这些都是我们老客户的用后说明。"然后一页一页翻给她看。

这时候,我们的能量场就完全颠倒过来了。这也是为什么我一直强调让大家搜集客户见证的目的。

拿到主动权后,开始反审核模式,告知客户,虽然产品的使用效果好评很高,但需要一套合理的方案配合使用,才能发挥最大效果,如果你做不到,那我建议还是不要购买。此时客户的好奇心被激发,沟通的优势回到商家手中。

因为任何方案都是需要客户配合的,此时形势发生逆转,本来客户在审核商家,现在客户变成了被审核者,整个过程都是商家在引导着顾客前进。

一定要记住,当我们发现自己已经处于被审核状态的时候,要懂得适时地跳出来,通过反审核的状态来转化彼此的能量,如果一直被审核,很难得到顾客的重视,自然也不会成交。

第七节　首单免费模式

如果要问我营销上碰到的最大的难题是什么?我的答案是:客户、成交。

营销中一条最简单的线就是:产品—成交—利润,但这是从商家的角度出发。

如果从消费者的角度出发去思考,那又是另外的逻辑。我为什么要花钱？因为需求。我为什么愿意花钱？因为你让我感知到了价值，所以我购买。由此可知，客户花钱的一条简单的线是：需求—感知价值—购买。

所以，客户去购买的理由是因为需求，让客户心甘情愿掏钱购买的理由是因为超值。

总结一下两条线就是下面的形式。

商家是产品—成交—利润；

客户是需求—感知价值—购买。

想把生意做大，其实就是放大这两条线的规模。怎么放大？一是更多的人买，二是买的商品更多，三是买的次数更频繁。

假如要买一瓶2元钱的酸奶，每个客户都会毫不犹豫地购买，如果换作是一瓶7元钱的酸奶，就会有人犹犹豫豫地放下。

当这个产品，处于自己心理价位的时候，我们会很认真地去考虑它。当这个产品，超出自己心理价位的时候，我们就需要对它进行深入的考证，这产品是否真的值这么多钱？

当你去买东西的时候，花多少钱你不会介意？这个价格就是消费心理的临界点。比如，你要去买一件衣服，1000元以内的衣服，你会毫不犹豫地购买，假如这件衣服是10000元，那么你就会非常理性地思考。

所以，我们要做好成交，最重要的就是要让客户毫不犹豫地购买，而不是非常理性地思考。产品定位要和产品价值、产品布局相匹配，只有这样才能找到最合适的消费者。

想要降低顾客的决策成本，首单免费模式就是其中最有诱惑力的一种。

1. 服装店案例

一家卖男装的服饰店在门口挂满帽子，每顶帽子售价30元，很有趣，很有价值，很有吸引力的产品，吸引别人进店，让人没有抗拒心理。

客户买了帽子之后，店员告诉他们，只要在店里买任何一件衣服，就可以免费领走两顶帽子。客户会想，如果我不买衣服，那么我就要为这两顶帽子付钱。当我们用两顶帽子做跳板的时候，自然就能转化出更高的客单价，人类天生就有爱占便宜的心理，消费者往往会为自己觉得超值的产品买单。

我们在服装店买了一件衣服，客服通常会说，你很有眼光，来我们店里的客户，80%买了这件衣服的人，都会搭配这条裤子。这时候，很多顾客都会下意识地去看，并且极大可能接受这个建议。所以要让客户买得更多的话，一定要向客户进行关联推荐。

2.充值免费拿衣服

假设消费者在试穿衣服的时候，觉得挺满意，问导购员衣服的价格。这时导购员说："现在你身上穿的这件衣服价值是500元，但是只要在我们店铺里面充值500元，这件衣服可以免费拿走。"

这个时候，你充不充值？很多人会充值，当然不是全部。这些充值的消费者，下次购买衣服的时候，第一家会去哪里？肯定是充值的服装店，因为他在那家店里有钱。而且，如果看中的衣服恰好是500元，就可以不用付钱，直接可以拿走了。

当客户第二次来的时候，又会出现这样的场景。

第一种场景是，消费者只买了500元以内的衣服，比如说了花了400元，那么他在店里还存有100元，那么消费者就还会来第三次。

第二种场景是，消费者如果购买超出500元的产品，比如说花了600元，那么消费者就还要补100元现金给店家。

第三种场景是，消费者正好消费了500元，那么他就不用再交任何的钱。

这三种场景应该怎么来应对呢？

如果是第一种场景，不用过多关心，因为卡里还有钱。如果是第二种场景，消费者补了 100 元，这个时候，消费者的卡里就没钱了，也就意味着消费者可能下次就不来了，因为他已经没钱存在你这了。这当然不是我们想看到的结果，所以，我们需要设计一些理由，继续把客户留下来。比如，今天我们店铺正好在搞活动，如果你充值 100 元，我们再赠送你 100 元。等于说，消费者消费了 600 元，卡里还剩下 100 元，以后会继续复购。

如果是第三种场景，就需要提前做好价格布局，在定价的时候自己要进行测算，不要让消费者正好能凑足 500 元，要不然下次他就没有来你这里的理由了。如果没有设置价格体系，还可以用积分，比如消费 500 元送 500 积分，这 500 积分下次可以抵 50 元现金使用，类似这种方法。一定要给消费者提供一个选择来你店铺的理由。

3. 家纺店案例

笔者有个学员从事家纺行业，他在当地做了一个异业联盟，客流量足够大，但缺少好的成交方法。在了解了他的产品价格和利润体系之后，就对消费者这样说：牛皮席原价 1980 元，今天只要充值 5000 元，这张牛皮席免费拿走，剩余的 5000 元还可以买其他床上用品。再把牛皮席价值塑造一下，然后通知老客户，就说牛皮席免费领，仅限 30 个名额，需要参加活动的马上报名，送完为止。最终活动效果相当火爆。

当然，反过来操作也行，比如说你是鞋服专卖店，第一件全价，第二件 5 折。也有一些咖啡店是第一杯免费，第二杯半价。总之，要让客户感受到价值，这样客户就会为价值买单。

第八节　全返成交模式

简单地说，就是把消费者花的钱再还给消费者。如果说，能够把消费者的钱百分之百返给对方的话，那么影响成交最大的价格壁垒也就不复存在了。

但是商家不是做慈善事业的，产品要成本、服务要成本、租金要成本、人工等都需要成本，如果说把钱全部返给消费者，那商家怎么赚钱呢？

同样通过一个案例来详细解释。一家服装店，要想在短时间内拉升业绩，常用的促销手段有哪些？

1. 常见促销手段

（1）打折。1折起，6～8折不等。

（2）满减。满300减100，满500减200。

（3）满送。满500送400，送购物券，等等。

（4）买一送一、送二、送三。

（5）以旧换新，等等。

2. 促销氛围布置

店堂内布置有吊旗、橱窗海报、货柜装饰，等等。如果遇到大型节假日，还会在店门口挂上横幅，铺上喷绘广告，一直延伸到马路上。这些方式是可以的，但有两个问题：一是营销方式同质化；二是后续效果无法保证，而且竞争对手活动力度可能更大。

据我观察，如果服装店能做到以上两步的都已经算不错了，很多人最多只能做到第一步，氛围布置对很多老板来讲已经非常难做到了。

但是100%返钱模式只要用得好，就能避免这两个问题，具体做法如下。

第一步，活动策划。策划一个感恩老客户的活动，消费满600元返600元现金卡。这张现金卡里有600元，怎么返呢？消费者每个月都可以来店里领取一次30元现金，总共可以领20个月。同时，还赠送价值1000元的美容卡一张。

第二步，信息发布。在当下，以前传统的坐等客户上门的门店已经慢慢被淘汰。因为没有客户积累，策划的活动不能及时通知到老客户，活动效果只能听天由命，每年都要从头开始，太过依赖经济大环境，最终的结果只能被淘汰。

但是，杭州萧山的一家鞋店就做得很好。它的商品陈列、店铺地段都不算很好，但是一年业绩能做到700万元左右。在竞争如此激烈的今天，他们为什么能做得那么好呢？

秘诀就是将到店的顾客都加上微信，几年下来累计加了1500多个客户微信，现在每天就发发朋友圈，利用微信就能卖二三十双，然后给他们快递过去，用户都不用露面，交易就已经完成了。

产品的图片都是批发商拍好发给他的，他收到图片之后就转发朋友圈，然后批发商给他发什么货，他就卖什么货，基本上没有退货。

所以，经常有人说，现在客户少了，街上没人了。而真相不是客户少了，只是街上人少了，客户都转移阵地了。如果还在老地方找客户，那不是刻舟求剑吗？

所以说，沉淀客户很重要。

第三步，店面布置。活动开始前，海报、吊旗、货柜贴、门口地面喷绘、横幅等基本的布置要做好，营造一种促销的氛围，这样做的目的有两个：其一，让老客户来了之后给他一个促使购买的环境；其二，吸引很多自然流量前来购买。

第四步，成交方案。假设这家服装店在活动期间，总共来了650多人，他们都是老客户，能不能成交600人？当然要提前设计好成交方案。

第五步，病毒裂变。老客户完成购买的时候，做好登记，并同时赠送他5张返钱活动购物卡，这个活动购物卡，每人限用一次，只要持这张卡过来，就有资格享受后续返钱活动。

这家服装店的老客户邀约了600人，如果1个裂变5个，那么就会有3000人裂变过来，又每人给他们5张活动购物卡，就会有15000人裂变过来……这种裂变速度是不是很快？

按第一次600人、第二次3000人来算，这3600人中，就算只有一半的人成交，每人600元，是不是也有108万元的营收？最起码，短时间内商家不用为流动资金而发愁。

第六步，后端促销。全返模式下，收的钱是需要还给客户的，那么怎么才能把这些钱变成自己的钱呢？这里就要用到后端促销。等到下个月，这3600个人都要来进店拿走这30元。平均下来，每天会有120人进店，也就是意味着，商家每天要拿出3600元。这个时候，我们要考虑的是如何才能让消费者不拿走这3600元。

想要留住消费者，需要怎么操作呢？具体操作方案如下。

今天可以无条件地返还你30元，但因为您是我们的贵宾，所以，我们这里推出了只针对像您这样的贵宾老客户活动。

一是今天你可以用你的30元，换取京东上卖的价值300元的礼品；

二是今天这30元可以抵60元使用购买衣服，可以在店铺里购买任意服装；

三是今天购买衣服赠送你 500 元的健身月卡一张；

四是今天购买衣服赠送你 500 元的美容套餐卡一张。

相当于用这 30 元换 1360 元，对不对？消费者会怎么选择？是选择拿走店家退的 30 元，还是选择换 1360 元？

这家店铺卖的服装是中高端服装，单价基本都在 300 元以上，那么他就要补差价 240 元，而 300 元的衣服成本在 100 元左右，如果成交，这次就不但不用退 30 元，还能再赚 140 元。

价值 300 元的礼品成本是 30 元，那么 140 元减去 30 元，还有 110 元的利润。而 500 元的健身月卡和美容院套餐卡都是整合来的引流卡，是不需要额外付费的。

如果只有 1800 人选择消费，那么，选择消费的人创造了多少利润呢？

1800×110 元 =19.8 万元，选择拿现金的人创造了多少成本呢？1800×30 元 =5.4 万元，还是赚了 14.4 万元。

从单个客户角度来计算，他需要来店铺 20 次，才能领完这 600 元。只要成交 4.3 次，就能有 4.3×110 元 = 473 元的利润，剩下 15.7 次需要返还 30 元现金，也就是 15.7×30 元 = 471 元，473 元＞471 元。所以，只要成交单个用户 5 次，我们就能获得利润。

第九节　附加值成交模式

只要是独立于产品之外的价值，就是附加值。

附加值与赠品相似，但是赠品包括有形的赠品和无形的赠品。

比如，一顿午餐值多少钱？可能是20元，也可能是200元，也有可能是2万元，也有可能是2000万元，这应该是一顿午餐的极限了。

但是，如果我说一顿午餐是3154万元，估计大多数人都会觉得不可思议。巴菲特的午餐就值这么多钱。2019年的巴菲特午餐被一个中国人以3154万人民币拍下来。这顿午餐之所以能够成交，不是因为这顿饭菜有多么好吃，而是因为附加值。

同样道理，一家餐饮店生意不好，但如果老板是一位明星，比如刘德华，你只要去那里吃饭，就能和刘德华合影，生意还会不好吗？这些都叫附加值成交。

当然了，巴菲特和刘德华都不是普通人，那我们的附加值又在哪里呢？

1. 赠品附加值

笔者有一位学员，她是经营服装的，但是她的店铺没有开在商圈里面，而是开在了一个工业园区。工业园区不像街道，街道是有自然流量的，哪怕什么活动都不做，也会有客户进店，但是工业园区就不同，虽然说也不缺人，但是如何让工业园区上班的白领愿意进店铺购物，是一个主要问题。

她的店铺面积大概有400平方米，服装店里面还有一家饮品店，服装款式不错，价格也很平民化，目前店里有3名导购员。在考察了整个环境后，笔者提出的建议是，做个会员方案，先要想办法培养整个园区里面的人到店铺的习惯。

具体的会员方案如下。充值99元，赠送你一张100元的充值卡，以后购买衣服打8.8折，并且还赠送你以下四样赠品：

（1）价值20元的水杯1个。

（2）价值58元的丝袜组合装，里面总共有3双。

（3）价值25元的无印良品牙刷1盒，里面总共有10支。

（4）30元的饮品抵扣券3张，总共90元。

这就是一个赠品附加值成交方案，让消费者觉得很划算，愿意办理会员卡。办理会员卡的目的就是卡不停地把客户沉淀下来，通过加微信，建立微信群，扩大自己的筹码。当我们有了足够多的人的时候，以后无论是做社区团购还是其他后端项目，都能够快速做起来。

在成交的最后一步，可以利用赠品来放大价值，使消费者感觉到超值。但是要注意，并不是说只要成交就是赠品放大价值，如果你前面没有对比参照，没有塑造好主营产品的价值，那么你用赠品的效果就会大打折扣，甚至没效果。

2.机会附加值

机会附加值指购买了某种产品，就能获得一个把钱赚回去的机会，或者连接很多资源。

比如，在知识付费中，赠送的营销培训课程，就属于成长的机会。实体店中，顾客消费额度达到标准后，可以参与抽奖活动、参与店铺组织的户外活动机会，甚至免费旅游的机会……这些都叫机会附加值。

有做招商代理的商家，在招商的时候，都会给你算账，投资多少钱能赚回多少钱，我们称为盈利分析。比如说，今天只要你成为代理，你就能凭着产品去赚回更多的钱，这个叫投资机会附加值。

后　记

近 3 年市场环境的变迁、流量红利的衰减和成本的大幅提高，让不少商家将目光集中在"私域流量"之上，迫切希望通过私域流量来打造企业新的增长曲线。

在这种急迫的需求下，很多企业在还没有真正了解私域的情况下，贸然投入大量人力、物力、财力去打造自己的私域流量池，最后人财两失，只能遗憾收场。

有太多的企业负责人找到我们，希望我们能够给予指导，于是，私域研究院讲师团的老师们决定将自己多年的一线实操经验汇总提炼，从各个角度去解读如何正确搭建企业私域池，如何在私域中裂变、运营以及变现，让更多人了解真正的私域应该怎么做，避免企业走弯路，这是我们当初创作这本《超级私域》的初衷。

在本书中，读者可以看到非常清晰的流量来源路径、客户层级管理及价值提升、社群精细化运营、多种实用的成交变现方法及模式。从底层逻辑上剖析企业如何正确进行私域运营、如何保持公域与私域之间的平衡。

我们整理了多年的实操案例，结合私域、发售、运营等相关理论，深刻剖析每个步骤的原理，力争用最简洁直白的文字，讲述复杂的理论和方法，让新人也能一眼看得懂，学得会，落得了地。

《超级私域》最终能够成功出版，除了作者们的专业和认真，还离不

后记

开私域研究院幕后创作团队的默默付出。他们不仅要一遍又一遍地对内容进行完善、润色，还要不时地跟每位作者沟通内容的严谨性、是否落地、能否解决读者的问题，等等，将零散的知识，汇集成大家现在所看到的非常连贯的内容。同时在封面设计上，也给出了非常好的意见和建议，最终才能设计出一版非常吸睛的封面。

感谢所有幕后人员的辛勤付出，在这里，郑重向团队成员——赵慧洋、王欣欣、谈亚楠、张诗琪、袁夕等人表示真诚的感谢！

相信《超级私域》不会辜负所有成员的付出，也不会辜负所有读者的期待！